Business Guide - Peru

33 Antworten auf die wirtschaftlichen Möglichkeiten

Herstellung und Verlag:
BoD - Books on Demand, Norderstedt

ISBN-13: 978-3-7528-9808-8

Bibliographische Information der Deutschen Bibliothek:
Die Deutsche Bibliothek verzeichnet diese Publikation in der
deutschen Nationalbibliographie; detaillierte bibliographische
Daten sind im Internet über http://dnb.ddb.de abrufbar

Widmung

Dieses Buch widme ich meinen Kindern.

Inhalt

01 **Vorwort**
Motive und Motivation

Hallo lieber Leser,
mein Name ist Holger Ehrsam, ich bin Experte für Peru und Mentor.

Schön, dass Sie sich für dieses Buch entschieden haben. Es handelt sich um die Fortsetzung des ersten Bandes, in dem die geschäftlichen Möglichkeiten behandelt werden, die dieses faszinierende Land zu bieten hat.

In diesem Buch folgen nun Tipps für eine konkrete Realisierung der Geschäftsideen. Zunächst möchte ich Ihnen aber näherbringen, was mich dazu bewogen hat, es überhaupt zu schreiben.

Immer wieder wird mir in Gesprächen die Frage gestellt: „Wie kann ich meine Geschäftsidee denn nun in die Praxis umsetzen?" Deshalb ist es mir ein Anliegen aufzuzeigen, wie es gelingen kann, mit einer vielleicht zuerst kleinen Idee ein erfolgreiches Unternehmen aufzubauen.

Die in Band 1 vorgestellten Business-Vorschläge gelten nach meiner persönlichen Erfahrung teilweise auch für andere lateinamerikanische Länder. Selbst für afrikanische oder asiatische Standorte kommen sie teilweise in Betracht. Immer wenn Menschen sich auf den Weg in eine neue Heimat machen, bringen sie eigene Ideen, Produkte und Kulturen mit. Ersetzt man die peruanischen Besonderheiten durch die eines anderen Landes, sind die Umsetzungsschritte grundsätzlich dieselben.

Das Vermächtnis der Inkas

In direktem Bezug auf Peru vergleiche ich die heutige Wirtschaftstätigkeit gerne mit der der Inkas. Ihr prosperierendes Reich ist nicht über Nacht entstanden, sondern wurde über lange Zeit entwickelt und ausgebaut. Die Inkas sind dabei planvoll vorgegangen, indem sie Produkte, Ressourcen und Infrastruktur zu einem funktionierenden Handelssystem gebündelt haben. Am Anfang stand für sie das „Wollen", danach arbeiteten sie an ihrem „Können" und kamen somit ins „Tun". Folgen wir einfach ihrem Beispiel!

Vor der realen Umsetzung steht zunächst ein wichtiger Prozess, eine intensive Phase der Entscheidungen. Es beginnt vielleicht mit einem Aufenthalt in Peru. Vor Ort fallen Ihnen zahlreiche Unterschiede zu Deutschland auf. Sie entwickeln eine erste Idee für ein Produkt, das in Deutschland gute Verkaufs-Chancen hätte oder andere Mehrwerte schaffen könnte. Möglicherweise haben Sie auch schon einen tollen Namen für das Produkt gefunden. Danach werden die Überlegungen konkreter und eine erste Vision entsteht. Es kann sein, dass Sie diese Vorstellung als 'absurd' oder 'sowieso nicht machbar' einstufen, doch oft ist das Gegenteil der Fall. Hier treten dann weit verbreitete Glaubenssätze zutage.
Wie beispielsweise:

- Man braucht ein hohes Startkapital, um eine Firma zu gründen.
- Das gibt es bestimmt schon längst.
- Man muss Spezialist für das Produkt sein.

Nehmen Sie sich einfach die nötige Zeit, um mit Freunden,

Bekannten oder einem Coach über diese 'Blockaden' zu sprechen. Das hilft Ihnen, das Problem aus einer anderen Perspektive zu betrachten. Dadurch verändert sich vieles. Um festzustellen, dass es eigentlich ganz einfach ist, eine Geschäftsidee in die Praxis umzusetzen, muss man sich nur auf die Suche nach den Antworten begeben „wollen".

Wollen, Können, Tun
Die Inkas haben es uns vorgemacht. Alles beginnt mit dem 'Wollen'. Und seien Sie sich darüber bewusst, diese sechs Buchstaben sind der Schlüssel zu Ihrem Erfolg.

Beginnen Sie einfach zu 'wollen'. Nähren Sie den Wunsch, Ihre Vision in die Realität umzusetzen. Wählen Sie aus den Geschäftsideen diejenige aus, bei der Sie ein gutes Gefühl haben. Vertrauen Sie sich selbst und entscheiden Sie intuitiv. Recherchieren Sie dazu, holen Sie sich Feedback und schauen Sie im Internet nach.

Auch für das 'Können' gibt es in diesem Buch eine Checkliste, die ungemein hilfreich für Gründer ist. Sie unterscheidet zwischen den gegebenen Voraussetzungen und barem Wunschdenken. Zeigt dabei aber ebenfalls auf, was alles machbar ist, auch wenn man es vorher nicht für möglich gehalten hat.

Nun stellen Sie sich vor, Ihre Geschäftsidee sei schon erfolgreich umgesetzt. Was wäre das für ein Gefühl? Wie würden Ihre Familie, Ihre Freunde und Bekannten reagieren? Was würde es für Sie bedeuten?

Die hier zusammengestellten Informationen beruhen auf

Erfahrungen aus mehr als zwanzig Jahren Beschäftigung mit dem Thema Peru. Sie sind praxiserprobt und bieten wertvolle Impulse und die nötige Orientierung, um schlussendlich ins 'Tun' zu kommen.

Meine Motivation
Wozu zeige ich Menschen, wie sie ihre Geschäftsideen erfolgreich umsetzen können? Wieso sorge ich dafür, dass Firmen in Peru noch produktiver arbeiten können? Warum coache ich Führungskräfte?

Vielleicht ist es der gleiche Grund, der auch Sie dazu bewogen hat, dieses Buch in die Hand zu nehmen. Ideen gibt es viele, nicht nur für Peru. Doch erst wenn eine Vorstellung Wirklichkeit wird, erzeugt sie eine Veränderung in der Welt. Ich glaube, wir brauchen mehr Schöpfer!

Dass Sie etwas anstoßen können, davon bin ich absolut überzeugt. So ähnlich wie beim 'Schmetterlingseffekt' der Chaos-Theorie. Ein winziger Flügelschlag eines Schmetterlings im Regenwald von Peru kann etwas Großes auslösen, etwa einen Sturm in Deutschland.

Aus diesem Grund habe ich mich im Vorfeld mit zahlreichen Menschen unterhalten, die sich ihre Flügel schon verdient haben. Diese zeigen nicht nur, dass es möglich ist, sondern auch wie. Ihnen gilt mein größter Dank, weil sie uns an ihrem Erfolg teilhaben lassen.

Gewinner und Verlierer
Kennen Sie den Spruch „Es gibt nichts Gutes, außer man tut es"? Jede Geschäftsidee ist eine verlorene Chance, wenn sie nicht umgesetzt wird.

Ein deutsch-peruanisches Paar aus Norddeutschland, das inzwischen im Süden Perus lebt, setzte alle nötigen Schritte konsequent um.

Ihrem persönlichen Aufbauplan zur Geschäftsentwicklung folgend, sprachen sie zunächst mit Verbänden, Freunden und Unternehmern. Sie loteten damit ihre Chancen aus und starteten kurz darauf ihr eigenes Business. Bereits nach wenigen Monaten wurde die Presse auf sie aufmerksam. Die folgenden Reportagen erhöhten ihren Bekanntheitsgrad und inspirierten sie weiter. Sie gehören zur Gruppe der „Gewinner".

Auf der anderen Seite bekomme ich Anfragen aus Berlin, Hamburg, München, Stuttgart und anderen Städten sowie aus dem nahen Ausland. Diese Menschen sind sehr engagiert, wenn sie mir ihre Ideen vorstellen, doch sie sagen: „Man müsste ..." Und obwohl diese Menschen mir in den sozialen Medien folgen und direkt mitbekommen, welche neuen Ideen umgesetzt werden, passiert bei ihnen selbst nichts. Das ist unglaublich schade. Sie gehören zu jeder Gruppe, die es nie ohne Hilfe schaffen wird. Sie sind „Verlierer".

Jeder entscheidet für sich ganz persönlich, ob er zur Gruppe der Gewinner oder der Verlierer gehören will. Doch jeder, mit dem ich sprach und der sein Vorhaben umgesetzt hat, unabhängig davon, was dabei herauskam, sagte: „Ich bin froh, es überhaupt versucht zu haben."

Demnach ist es vielleicht gar nicht so wichtig, als strahlender Gewinner aus einer solchen Unternehmung hervorzugehen. Und vielleicht ist es sogar sehr wertvoll zu wissen, wie etwas 'nicht' geht! Aber ohne es probiert zu haben, scheidet beides aus.

Ein Unternehmer heißt so, weil er etwas unternimmt. Und ein Händler wird so genannt, weil er handelt! So schließt sich wieder der Kreis zum 'Tun'.

Dieses Buch soll inspirieren. Ohne Aktion keine Reaktion und ohne Ursache keine Wirkung. Doch egal mit welchem Resultat, allein der Versuch erzeugt neues Wissen. Aus diesem Grund sind die Erkenntnisse anderer in diesem Buch zusammengefasst, um den Weg zum Erfolg zu verkürzen.

Warten Sie nicht zu lange, sondern starten Sie sofort.

Viel Freude beim Lesen!

02 Die Inka-Corporation
Die ewige Modernität der Antike

Was macht die Inkas für dieses Buch so interessant? Es ist ihre Vergleichbarkeit mit den heutigen Unternehmen. Denn diese Kultur tat nichts anderes, als wir es mit unseren Geschäftsideen vorhaben. Nur eben in deutlich größerem Stil.

Es gab damals Produkte, die in einigen Landesteilen nicht verfügbar, aber dennoch hochbegehrt waren. Diesen Zustand 'wollten' die Inkas ändern und taten es auch. Also schufen sie die nötigen Voraussetzungen für die Herstellung von Waren, sie sorgten für eine entsprechende Infrastruktur und Logistik, entwickelten Abrechnungssysteme und Kommunikationskanäle.
Spezialisierte Werkstätten entstanden, deren Waren über Tausende Kilometer hinweg ihre Käufer fanden. Dazu wurden Transportwege angelegt, Brücken gebaut und Rast-Stationen eingerichtet. So wurde nicht nur ein reger Handel ermöglicht, auch Nachrichten oder Bestellungen erreichten ihre Empfänger nun wesentlich schneller.

Stellen Sie sich ein gigantisches Unternehmen vor. Unterschiedliche Regionen, Sprachen, Subkulturen und Interessen wurden durch den Inka-Trail miteinander verbunden. Die Verwaltungsstruktur des Inkas-Reichs, auch Tahuantiyuso genannt, bestand dabei aus vier 'Abteilungen' oder 'Executive-Divisions'. Die Inkas bezeichneten sie als Chinchaysuyo, Antisuyo, Contisuyo und Collasuyo.

Aber waren die Inkas sofort groß und mächtig? Nein, so wie man es von der Unternehmenspraxis her kennt, begannen auch die Inkas mit kleinen Schritten. Der Gründer Manco Capac und sein Nachfolger Sinchi Roca waren von einer gemeinsamen Vision inspiriert. Das Reich wuchs langsam, ebenso wie die Märkte.

Mit Pachacutec begann eine Phase der Expansion. Heute würde man es feindliche Übernahme nennen. Unter seiner Regentschaft kamen die Sierra Central und der Altiplano zum Inkareich. Túpac Inca Yupanqui übernahm die Gebiete der Chachapoyas, Chimú und Quito im heutigen Ecuador sowie die Küstenregionen. Unter Hayna Capac wuchs das Imperium weiter in Richtung Regenwald und bis nach Kolumbien.

Bei heutigen Unternehmen ist es fast das Gleiche. Die Märkte sind territorial gebunden, weil Waren und Dienstleistungen immer ortsgebunden genutzt oder verbraucht werden. Bisher jedenfalls, denn mit dem Internet ist die Ware 'Information' global geworden. Doch auch hier gibt es weitere Bereiche für Firmen, die noch erobert werden können. Nämlich über die Internationalisierung durch Mehrsprachigkeit.

Cuzco war die Hauptstadt der Inkas, das wirtschaftliche, politische und militärische Verwaltungszentrum. Cuzco ist Quechua und bedeutet „Nabel der Welt". Es stellte sozusagen die Zentrale oder den Firmensitz der Inka-Corporation dar. Hier residierten die Entscheidungsträger, ganz genau wie in einem heutigen Unternehmen.

Bei einem so großen Reich wie dem der Inkas brauchte

man eine funktionierende Infrastruktur und eine schnelle Kommunikation. Das Problem der Logistik wurde durch den 23.000 Kilometer langen Inka-Pfad gelöst.

Über diesen konnten Waren oder Informationen schnell vom Pazifik bis nach Cuzco gebracht werden. Eine besondere Form der 'Telekommunikation' erfolgte mithilfe von Boten nach dem System des Staffellaufs. Die Läufer, die sogenannten Chasquis, waren mit einem Quipu ausgestattet, einer Art Knotenschrift, die von einem Läufer zum anderen übergeben wurde. Die enthaltenen Nachrichten konnten so über weite Strecken in das gesamte Inkareich übermittelt werden.

Heutzutage übertragen anstelle des Inka-Trails unzählige Kilometer von Kabeln oder Sendemasten die Informationen. Die Effektivität der Dateninfrastruktur ist entscheidend für eine Firma. E-Mails, Internetseiten und Videokonferenzen sind nur einige der Formate, die eine vernetzte Kommunikation ermöglichen.

Doch schon bei Teams mit 10 Personen kommen häufig nicht mehr alle relevanten Informationen rechtzeitig an. Stellen Sie sich vor, wie es bei Konzernen mit 10.000 und mehr Menschen aussieht, die zudem über die ganze Welt verteilt sind. „Wenn wir als Firma wüssten, was wir alles wissen, dann wären wir klüger!", ist eine oft gehörte Einschätzung des eigenen Unternehmens.

Doch es gibt auch ein paar Unterschiede zum antiken Inka-Imperium. Es baute nämlich auf dem Prinzip der Reziprozität auf, also der Verhaltensweise, bei der die Akteure nach dem Prinzip „hoy por ti, mañana por mi" handelten. Außerdem gab es kollektives Eigentum an Land, Nutztieren und Ernte. Dies entspricht dem Genossenschaftsgedanken oder einer frühen Form des Sozialismus.

Reziprozität und kollektives Eigentum sind zwei Attribute, die sich in heutigen Unternehmen kaum noch wiederfinden. Das Wissen über das Prinzip der Reziprozität ist bisweilen noch nicht einmal bekannt.

Gemeinsame Werte für Mitarbeiter und Kunden zu schaffen steht zwar auf der Agenda, jedoch meist unter der Überschrift des Gewinnstrebens. Das Schlagwort kollektives Eigentum wurde zwar immer wieder diskutiert, doch was Initiativen zur Mitarbeiterbeteiligung am Unternehmen anging, so blieb es meist beim Versuch.

Heute scheint die Bereitschaft der Beschäftigten, zu anderen Arbeitgebern zu wechseln, deutlich höher zu sein. Denn ohne den Anreiz des gemeinschaftlichen Gewinns liegt es näher, ein eigenes Unternehmen aufzubauen.

Auch unter diesem Gesichtspunkt könnte das, was wir die Inka-Corporation genannt haben, ein Vorbild für uns sein.

Eine ehrliche Selbstanalyse

Um ein eigenes Business zu starten, muss man sich zunächst über einige Dinge Klarheit verschaffen.

Besonders über die gegebenen Voraussetzungen. Und die sind nicht nur finanzieller Art, sondern umfassen auch Gegebenheiten völlig anderer Natur. Aus diesem Grund folgt nun ein Katalog von Fragen, die für manche Leser überraschend sein werden. Er bleibt zwangsläufig unvollständig, weil die Antworten individuell sind. Dennoch erzeugt er manchmal überraschende Ergebnisse.

Im vorangegangenen Band wurden lediglich aussichtsreiche Geschäftsideen einzelner Branchen beschrieben. In dieser Fortsetzung wird es jedoch viel konkreter. Aber sei das angestrebte Geschäft auch noch so klein, sollte man zunächst herausfinden, ob man überhaupt dazu in der Lage ist, es aufzubauen. Im Folgenden also eine Checkliste wichtiger Fragestellungen.

Motivation

Was ist überhaupt mein Ansporn ein Geschäft mit Peru zu starten, und was ist das eigentliche Ziel?
Ist es wirtschaftliche Notwendigkeit, einfach Langeweile?
Oder Sehnsucht, vielleicht das Heimweh nach Peru?
Welche Befriedigung und welches Glücksgefühl würde es mir geben, wenn ich ein neues Ziel erreiche?
Wie stehe ich vor Freunden da, wie vor meiner Familie?
Wie vor mir selbst, wenn ich mich im Spiegel betrachte?
Wird mir das alles Spaß machen?
Werde ich Stolpersteine aus dem Weg räumen können?
Werde ich an mich selbst glauben?
Was ist, wenn ich scheitere?

Charakter
Wo liegen meine Talente?
Und besonders wichtig: Was sind meine Schwächen?
Wer kann mir beim Umgang damit helfen?
Bin ich aufbrausend oder eher schüchtern?
Kann ich diplomatisch sein oder zähle ich mehr zu den Cholerikern?
Bin ich kommunikativ?
Wie gehe ich mit Neidern um?
Bin ich diszipliniert genug?
Bin ich emphatisch?
Kann ich mit Niederlagen umgehen?
Kann ich mich auch über kleine Fortschritte freuen?
Kann ich Erfolge teilen?
Wie halte ich es mit Pünktlichkeit?
Welche weiteren Tugenden besitze ich und welche nicht?

Fähigkeiten
Habe ich berufliche oder private Kenntnisse, die etwas Besonderes darstellen?
Welche anerkannten Ausbildungen kann ich vorweisen?
In welcher Branche bin ich bereits etabliert?
Welche Arbeit ist mir am liebsten?
Über welche handwerklichen Fähigkeiten verfüge ich?
Wie viel Wissen habe ich bisher gesammelt?
Welche Projekte sind mir gelungen, welche nicht?
Welche Selbstmanagementfähigkeiten habe ich?
Reicht meine Sprachkompetenz aus?

Zeitaufwand
Verfüge ich überhaupt über den Willen Zeit zu investieren, um ein eigenes Business aufzubauen?
Oder suche ich lieber Ausreden?

Wie viel Zeit möchte ich investieren?
Wie lange kann ich das durchhalten?
Muss ich ständig erreichbar sein?
Muss ich ständig vor Ort sein?

Finanzen

Ist ein ausreichendes Einkommen oder Vermögen
vorhanden, um die nötigen monatlichen Ausgaben für
den Lebensunterhalt zu tätigen?
Oder übernehme ich mich vielleicht damit?
Habe ich alte Kredite zu tilgen oder müsste ich neue
Schulden machen?
Wie lange würden meine Reserven reichen?
Kann ich meine Ausgaben reduzieren?
Kann ich ein zusätzliches passives Einkommen schaffen?
Kann ich meine Reserven intelligent anlegen?
Was tue ich, wenn sie verbraucht sind?

Mobilität

Bin ich räumlich ungebunden?
Oder muss ich die meiste Zeit an einem Ort sein?
Kann ich überhaupt reisen, wenn es nötig wäre, oder
spricht etwas dagegen?
Etwa die Gesundheit oder die Verantwortung für andere
Personen. Vielleicht auch für ein Haustier?
In welchem Land möchte ich die meiste Zeit verbringen?
Wie bewege ich mich dort fort?
Brauche ich eigene Fahrzeuge?

Raumsituation

Habe ich genügend Platz, um das, was ich plane, umzusetzen, oder stoße ich diesbezüglich an meine Grenzen?
Muss ich zusätzliche Räume oder Grundstücke kaufen

oder mieten?
Oder reicht das eigene Haus, die eigene Wohnung?
Habe ich vielleicht anderen nutzbaren Grundbesitz oder
alternative Lagermöglichkeiten?
Brauche ich spezielle Bedingungen wie z. B. Kühlung
oder Trocknung?

Ausrüstung
Welche Dinge fehlen mir für meine Geschäftsidee?
Oder habe ich schon alles zur Verfügung?
Könnte ich improvisieren?
Kann ich sofort loslegen oder gibt es Hindernisse?
Gibt es schnell verfügbare Ersatzteile?
Welche Verbrauchsgüter sind für mein Vorhaben nötig?

Personal
Wer vertritt mich bei Krankheit und wer kann die Ge-
schäfte weiterführen?
Habe ich Familienmitglieder, die mithelfen, oder müsste
ich externe Leute engagieren?
Hätte ich genügend Geld, um Löhne zu bezahlen?
Welche rechtlichen Bedingungen muss man für ein
Arbeitgeberverhältnis erfüllen?
Habe ich Vertrauenspersonen vor Ort?
Könnte ich ein System etablieren, das meine Firma von
mir unabhängig macht?

Kunden
Habe ich genügend Kunden, um das Business zu starten?
Wenn nicht, wo kriege ich sie her?
Mit welchen Mitteln kann ich sie erreichen?
Wie gestalte ich die Kundenpflege?
Kann ich meine Kunden auf Dauer halten?

Welche Konkurrenz könnte sie mir streitig machen?

Kontakte

Habe ich genügend Beziehungen, sodass mein Business reibungslos laufen könnte?
Gibt es bereits Bezugsquellen für mein Produkt?
Welche Netzwerke könnten mir helfen?
Welche Personen haben bereits das erreicht, was ich nun anstrebe?
Wen könnte ich bitten, mein Mentor zu sein?
Brauche ich erfahrene Berater?
Wer kann mich coachen?

Marketing

Welche Mittel kann ich nutzen, um mein Angebot publik zu machen?
Welche Medien kann ich nutzen?
Kann ich das selbst oder brauche ich dafür fremde Hilfe?
Wenn ja, was kostet mich das?

Hemmschwellen

Gibt es irgendwelche Bedingungen, die gegen meine Geschäftsidee sprechen?
Etwa abgelaufene Dokumente, Ausbildungen, die nicht anerkannt werden, oder Ähnliches.
Welche hindernden Gegenmaßnahmen könnte die Konkurrenz ergreifen?
Habe ich selbst Feinde oder Neider?
Bin ich körperlich eingeschränkt oder topfit?
Gibt es rechtliche Beschränkungen oder Hindernisse?
Gibt es einen finanziellen Erfolgsdruck?

All diese Fragen kann jeder nur im Hinblick auf seine persönliche Situation klären und die Antworten sind dabei immer individuell. Die Liste ist, wie bereits erwähnt, nur ein lückenhafter Auszug aus dem Ozean der möglichen Fragestellungen.

Um noch mehr Klarheit zu gewinnen, empfehle ich Ihnen, sich tief in Ihr Vorhaben hineinzuversetzen. Tun Sie einfach mal so, als wären sie selbst das Produkt oder eine der Dienstleistung. Versetzen Sie sich einmal in den Lama-Züchter, Zwischenhändler oder Endkunden hinein. So kann man sich hervorragend darauf vorbereiten, was alles gut oder schlecht laufen könnte. Oder lassen Sie sich einfach von bemerkenswerten Überlegungen inspirieren.

03 Konkrete Tipps zu den 33 Geschäftsideen

Generell ist zu erwähnen, dass zwischen Deutschland und Peru ein Freihandelsabkommen besteht, was die Realisierung eines Business ungemein vereinfacht. Viele Insider-Infos, unerwartete Gedanken und nützliche Tipps verstecken sich in den einzelnen Geschäftsideen. Darum sollten Sie alles lesen, auch wenn Sie vielleicht nie daran gedacht haben, beispielsweise Keramik zu importieren.

Der Großteil der Antworten stammt aus Gesprächen mit Menschen, die den mutigen Schritt in die Selbständigkeit längst geschafft haben.

MODE UND TEXTIL

Import von Alpakawolle nach Deutschland und Online Vertrieb im Internet

Um tatsächlich in diesem Bereich geschäftlich tätig zu werden, braucht es eine sorgfältige Recherche und tiefergehende Informationen. Denn der Boom der Do-it-yourself-Handarbeit ist weiterhin ungebrochen. Selbst kreativ zu sein und etwas Eigenes zu erschaffen ist Teil des modernen Lebens geworden. Auf der internationalen Messe in Köln, der „h+h cologne", sind auch Aussteller aus Peru vertreten, die Alpakawolle produzieren.

Chancen und Risiken eines Geschäftsmodells mit Alpaka-Produkten wurden bereits im Vorgängerbuch erklärt, sodass es nun an der Zeit für die reale Umsetzung ist.
Was ist bei der Qualität bei Alpakawolle zu beachten?

Es gibt drei verschiedene Qualitäten von Alpaka, die sich durch den Feingheitsgrad unterscheiden. Das sind:
Alpaka Superfein (25,5 Mikron), Baby Alpaka (22,5 Mikron), Alpaka Royal (19 Mikron)
Die Wolle hat ein unvergleichlich seidiges Schimmern und ist in bis zu 22 Farbnuancen erhältlich. Mit natürlichen Färbemitteln kann man ca. 60 Farbabstufungen erreichen.
Die Echtheit kann man mithilfe eines Brenntests bestimmen. Alpakawolle ist schwer entzündbar und riecht beim Verbrennen eher süßlich. Sind Kunstfasern beigemischt, entsteht entweder eine sichtbare Flamme oder es riecht nach verbranntem Papier. Das Ergebnis bei reiner Alpakawolle sind leicht zerdrückbare Knödelchen.

Wo gibt es in Peru Bezugsquellen?
Alpakawolle erhält man im Süden Perus, besonders in Arequipa und Puno. Firmen in Peru sind:
Michell y Cia. S. A.,
IncaTops S.A.,
Clasificadora de Lana Macedo S.A.,
Lana y Curtiduria Valencia,
ITESSA Industria Textiles de Sud-América S.A.C.,
Cooperativa de Producción y servicios ES,
Negociación Lanera Alfa SAC,
Pitata SAC,
Texao Lanas SAC

Wie liegen die Preise für Rohwolle in Peru?
Die Preise für Alpakawolle unterliegen großen Schwankungen. Vor vielen Jahren bezahlte man noch 1-4 US Dollar für ein Kilo, heute liegt der Preis je nach Qualität durchschnittlich bei 15 USD. [Stand 2019]

Mode + Textil

Wie wird die Alpakawolle nach Europa transportiert?
Alpakawolle eignet sich sehr gut für die Verschiffung. Ein
Container bietet sich daher an.
Standardcontainer sind 2,59 m hoch und 2,44 m breit.
Sie werden nach ihrer Länge bezeichnet und sind 10, 20
oder 40 Fuß lang. (Das entspricht 2,99 m, 6,05 m oder
12,19 m). Bis zu vier Container in einer Saison sind bei
etablierten Geschäften realistisch.

Welche Kosten oder Zölle fallen an?
Für einen kompletten 20-Fuß-Container liegt der Preis
bei etwa 1.000 EUR. Das Verschiffen dauert ca. 23 Tage.
Zölle werden nicht erhoben, sofern man ein „Certificate
of Origin" vorlegen kann. Dieses Formular kann man per
Internet in Peru anfordern. Für größere Exporteure ist
das kein Problem, kleinere Händler scheitern oft daran.
Wenn die Ware ohne Certificate of Origin in Europa ankommt, werden aktuell 8 % Zoll erhoben.

Wie kommt die Ware aus dem Hafen zum Kunden?
Ein weiterer Kostenpunkt ist eine Spedition, die die Ware
im Hafen abholt und sie an ihren endgültigen Bestimmungsort bringt. Der Preis ist abhängig von Gewicht
oder Volumen.
Der Zielort ist meistens ein Zwischenlager, von dem aus
Bestellungen an die Kunden verschickt werden. Deshalb
müssen noch Porto und Verpackung zur Kalkulation hin-
zugerechnet werden. Die Tarife der nationalen Versender
wie DPD, DHL oder Hermes kann man im Internet abru-
fen.
Brauchen Sie Lagerräume?
Prinzipiell sollten Lagerung und Logistik im eigenen Unternehmen stattfinden. Wenn dies nicht möglich ist, gibt

es das Outsourcing. Eine Option ist die Zusammenarbeit mit einem Dienstleister, der die Verkaufsware einlagert, aufbewahrt, bei Bedarf verpackt, versendet und darüber hinaus auch Ihre Retouren entgegennimmt und bearbeitet. Dies erfolgt natürlich nicht kostenlos. Die Auswahl an Dienstleistern, die in diesem Bereich aktiv sind, ist groß. Sie reicht von kleinen Speditionen in unmittelbarer Nachbarschaft über größere Logistikunternehmen bis hin zu globalen Anbietern wie Amazon.

Eine andere Option ist das Dropshipping. Das ist ein Modell, bei dem Sie als Händler selbst gar nicht in Kontakt mit Ihrer Ware kommen. Die Produkte bleiben einfach beim jeweiligen Lieferanten und werden bei Bestellung direkt von diesem an die entsprechenden Endkunden versendet.

Gibt es zusätzliche Produkte, die mitverschifft werden könnten?
Es bieten sich dafür Alpaka-Endprodukte an, denn sie haben die gleiche Saison. Die Anforderungen an den Transport sind dieselben und oft gibt es kleinere Händler in Deutschland, für die eine Teilung der Transportkosten vorteilhaft ist.

Neben Alpakapullovern, -mützen, -schals und anderen Accessoires könnten dies auch Produkte aus handwerklicher Fertigung sein. Etwa Schuhe, Dekorationsartikel aus Keramik oder Holz, Gemälde oder Waren aus Silber.

Wie kommen meine Produkte ins Internet?
Um in der heutigen Zeit erfolgreich ein Geschäft aufzubauen, braucht es zwingend eine Internetseite.

Es ist zwar möglich den Handel mit einer rudimentären Webseite per E-Mail abzuwickeln, es gibt aber bei großen Providern auch Shop-Baukästen, die zur Webseite hinzugebucht werden können. Ebenso gibt es kostenlose Angebote wie 'PrestaShop' und andere, die aber etwas mehr Programmierkenntnisse erfordern.

Eine professionelle Webseite inklusive Suchmaschinenoptimierung in Auftrag zu geben ist ein Luxus, den man sich leisten können muss, auch wenn er durchaus sein Geld wert ist. Doch mehr dazu im Kapitel 'Inka-Digital'.

Welches Startkapital ist erforderlich?
Für die Einrichtung eines Online-Shops und für eine erste Warenlieferung werden ungefähr 5.000 EUR benötigt. In der Anfangsphase liegen die Kosten für den Online-Shop bei mindestens 100 EUR pro Jahr.

Wächst die Anzahl der Produkte und der Bestellungen, kommt bald der Wunsch nach Automatisierung des Versands, der Rücknahmen oder der Zahlungsabwicklung auf. Jede Leistung ist extra zu bezahlen. Für den Anfang ist es jedoch empfehlenswert erst einmal klein anzufangen.

Welche Zielgruppen sind für Alpakawolle zu begeistern?
Do-it-yourself Videos und Handarbeits-Anleitungen haben Konjunktur, Selbstmach-Portale schießen wie Pilze aus dem Boden. Ebenso wächst die Zahl der Menschen, die Wert auf biologische Produkte legen und zudem noch auf fairem Handel bestehen. Die Zielgruppe für Alpakawolle findet man zum Beispiel unter den Suchbegriffen Stricken, Häkeln, Handarbeit, aber auch unter 'Basteln

mit Naturmaterialien' oder 'ökologische Textilien' sowie 'nachhaltiger Handel'. Es sind nicht nur Endkunden, die einen Bedarf daran haben, sondern auch Zwischenhändler, Bastelstuben, Hofläden oder Reformhäuser. Davon gibt es viele in Deutschland, Österreich oder der Schweiz. Demnach stellt sich folgende Frage:

Gibt es ein Güte-Siegel für Alpakawolle?
Im Bereich Wolle ist Oeko-Tex das wichtigste Siegel. 1992 wurde der STANDARD 100 by OEKO-TEX® eingeführt und ist inzwischen ein weltweites einheitliches, unabhängiges Prüf- und Zertifizierungssystem. Auf dem Gebiet der Textil-Ökologie ist es gültig für textile Roh-, Zwischen- und Endprodukte aller Verarbeitungsstufen. Zertifizierbar sind rohe und gefärbte oder auch veredelte Garne. Es fallen dafür Lizenzkosten, Firmen-Audits und Bearbeitungsgebühren an.

Das Zertifikat ist 12 Monate gültig. Wie bei der Erstzertifizierung fallen bei einer Zertifikatsverlängerung erneut die Lizenzgebühr sowie die (je nach Prüfaufwand unterschiedlichen) Laborprüfkosten an.

Die Schritte zur Zertifizierung sind:
1. Antragstellung und Bereitstellung der Prüfmuster
2. Prüfung anhand des OEKO-TEX® Kriterienkatalogs
3. Erstellung des Prüfberichts
4. Abgabe der Konformitätserklärung
5. Zertifikatserteilung bei erfolgreicher Prüfung

Die entsprechenden Antragsformulare können unter www.oeko-tex.com/download heruntergeladen werden. Die Adresse lautet:

Hohenstein Institute Peru
Jr. EI Cascajal 522-C
Las Casuarinas de Monterrico,
Surco Lima Peru
Telefon +51 997 963 676
peru@hohenstein.com
www.hohenstein.com

Könnte man das Geschäft vielleicht noch ausweiten?
Abgesehen von anderen Wollsorten wie Merino, Mohair oder Kaschmir aus Peru, sind Zubehörartikel höchst attraktiv für den Käufer. Insbesondere dann, wenn der Kunde beim selben Anbieter bestellen kann und dort alles bekommt, was er für seine Aktivität braucht.
Darunter fallen zum Beispiel Strick- oder Häkelnadeln, natürliche Färbemittel, Strickmusterbögen oder Handarbeitsbücher.

Design von Alpaka Mode und Grosshandel in Deutschland

Interview mit Eliana Strohbach, Etiqueta Blanca

Wo gibt es in Peru Bezugsquellen für fertige Ware?
Promperu ist eine staatliche Institution, die die peruanische Wirtschaft fördern soll. Sie verfügt über einen umfangreichen Fundus an Adressen und Ansprechpartnern, den sie gerne an Interessierte weitergibt. Zum Beispiel für Messen wie die PeruModa, aber auch für andere Veranstaltungen oder um interessante Kontakte zu knüpfen. Deren Webseite ist unter www.promperu.gob.pe zu erreichen.

Gibt es Richtwerte für den Einkauf?
Es existieren leider keine generalisierbaren Preise, denn jeder Händler hat eigene Lieferanten. Wer größere Mengen abnehmen kann, erhält nach den üblichen Regeln des Marktes höhere Rabatte. Großhändler, die eine eigene Werkstatt in Peru betreiben, gewähren normalerweise bessere Preise für Wiederverkäufer.

Ein grober Anhaltspunkt für eine Strickjacke sind etwa 150 Euro als Verkaufspreis in Peru. In Europa sind damit 400-600 Euro zu erzielen. Vor wichtigen Feiertagen, insbesondere Muttertag, wird in Peru bis zu 50 % Nachlass gewährt. Die Top Marken für Alpakabekleidung sind in Peru KUNA oder SOL ALPACA.

Gibt es Mindestabnahmemengen?
Ja, die gibt es. Pro Farbe von Rohwolle sind das meist 40 Kilo, was ungefähr 80-120 Kleidungsstücken entspricht. Weniger sind es bei Kleidungsstücken wie Pullover usw.

Hier entspricht die Mindestabnahme beispielsweise jeweils 12 Stück in den Größen S, M, L, XL = 48 Stück. Bei kleineren Bestellungen empfiehlt sich daher die Luftfracht, auch wegen des Risikos, bestohlen zu werden. Die Zollformalitäten sind die gleichen wie bei den vorher angesprochenen Alpaka-Produkten. Jede Ware hat einen eigenen Zollcode, es ist also durchaus machbar, diesen Vorgang selbst zu organisieren.

Wie lange dauert die Produktion einer Bestellung?
Es gibt Kataloge, bei denen drei bis vier Monate die Regel sind. Aktuell sind es sechs Monate, denn es gibt viele neue Händler in Peru. Engpässe gibt es immer wieder wegen des Nachschubs an Wolle oder Problemen mit den Maschinen. Ebenso kommt es gelegentlich zu Problemen wegen der mangelnden Verlässlichkeit der Händler, die einfach nicht liefern. Zunächst sollte man deshalb eher kleinere Mengen ordern, um seine Geschäftspartner auf Seriosität zu testen. Auch das Produkt sollte man einer Kontrolle unterziehen, denn es kommt auch vor, dass die Stoffe mit minderwertigem Material oder Kunstfasern durchmischt werde

Was gibt es noch zu beachten?
Kleidungsstücke sollten in der EU eine eingenähte Waschanleitung haben und/oder ein Etikett als Herkunftsnachweis tragen. Eine optionale Einzelverpackung für den europäischen Markt verursacht weitere Kosten.

Außerdem gibt es noch einen weiteren Punkt bei der Lagerung zu beachten, der den Preis für eine Einzelverpackung rechtfertigt. Ungeschützte Stoffe können von Kleidermotten befallen werden und eine zu hohe Luftfeuchtigkeit kann üble Gerüche erzeugen. Dasselbe gilt für Gewebe aus Alpaka. Sofern man also größere Mengen über längere Zeit aufbewahren möchte, ist das ein Aspekt, um weitere Kosten für klimatisierte Lagerräume zu vermeiden. Seien Sie also sehr aufmerksam bei Sonderangeboten aus Peru, denn Kleidermotten sind auch dort aktiv.

Gibt es Öko- oder Fairtrade-Siegel?
GOTS (Global Organic Textile Standard) ist eine weltweite Zertifizierungsstelle für Textilien und deren Produktionsstätten. Der dort erhältliche Qualitätsnachweis kostet zwischen 1.500 und 3.000 Euro im Jahr und kann unter www.global-standard.org/de beantragt werden.

Design von Alpaka Mode für Kinder als Online-Vertrieb in Deutschland

Dieses Geschäftsfeld ist aus mehreren Gründen höchst interessant. Denn auf der einen Seite ist der Umsatz bei Kinderbekleidung gigantisch, weil Eltern und Verwandte keine Kosten scheuen, um ihre Zöglinge angemessen auszustatten. Das ist sowohl der elterlichen Liebe und Fürsorge geschuldet als auch dem Umstand, dass das Auftreten der Kinder innerhalb der Gesellschaft ein Aushängeschild für die gesamte Familie ist.

Auf der anderen Seite sind Kinder aus der Sicht des Marktes buchstäblich ein 'nachwachsender' Rohstoff. Denn ab der Geburt wechseln sie nahezu jährlich ihre Kleidergröße. Das wiederum macht die Eltern zu einer verheißungsvollen Zielgruppe, die in regelmäßigen Abständen immer wieder gern in das Wohl der Kleinen investiert.

Die Voraussetzungen und Bedingungen für den Aufbau eines Business dieser Art unterscheiden sich kaum von der vorherigen oder folgenden Rubrik. Interessante Informationen darüber finden Sie dort, weswegen eine separate Besprechung überflüssig ist. Viel wichtiger ist es, in diesem Buch solche Zusammenhänge zu erschließen und Sie dazu zu animieren, das Gleiche bei ihren eigenen Vorhaben zu bedenken.

Import von Alpakaprodukten nach Deuschland. Pullover und Ponchos, insbesondere auch für Hunde und Haustiere

Interview mit Nilsa Orcotoma Escalante

Wo gibt es Bezugsquellen für fertige Ware?
Im Internet stößt man mit Sicherheit auf etliche Anbieter. Deshalb möchte ich nur zwei davon nennen, die sich bereits als verlässlich erwiesen haben. Die Firma Alqo Wasi hat ihren Sitz in Peru. Sie handelt mit Produkten für Hunde. Eine Kontaktaufnahme ist über www.alqowasi.com/ möglich.

Das Unternehmen Apu Kuntur vertreibt Kleidung und hat seinen Sitz in Konstanz. Die Internetadresse lautet www.apukuntur.com/de/

Wie sind die Waren verpackt?
Die Waren aus Peru sind einzeln in Plastikfolie verpackt, aber inzwischen gibt es auch die Möglichkeit, ohne Verpackung zu bestellen.

Wie kommt die bestellte Ware zu mir?
Die Produkte sind sehr leicht und werden mit DHL verschickt. Der Transport ist relativ schnell und nicht teuer. Werden nur Produkte bestellt, die im Lager vorrätig sind, dauert es unter Umständen nur 3 bis 4 Tage, bis das Paket vor der Haustür des Kunden steht.

Kommt die Ware aus Peru, kommen noch die Einfuhr-Umsatzsteuer von 19 % und der DHL-Zollservice von 12.50 € dazu.

Braucht man eigene Lagerräume?
Als Lagerraum nutze ich momentan ein ganz normales Zimmer. Die Waren habe ich nach Größe sortiert. Mein Wohnzimmer dient als Büro, das reicht.

Welches Startkapital braucht man?
Unser Startkapital war etwa 5.000 €. Damit kann man schon richtig was anfangen.

Wie kommt das Angebot ins Internet?
Unser Angebot ist auf unserer eigenen Webseite, auf Facebook oder Instagram zu finden. Wir genießen die Unterstützung von Alqo Wasi und Apu Kuntur z. B. für Bilder und Texte. Er ist ein großer Vorteil, wenn man das Material nicht komplett selbst erstellen muss.

Wie lange dauert der Aufbau eines Shops oder einer eigenen Webseite?
Wir haben unsere Webseite selbst erstellt. Für den Grundaufbau sollte man etwa 15 bis 20 Tage einkalkulieren. Einige sind schneller, andere langsamer, doch wir waren keine Spezialisten und es war machbar.

Welche Kosten sind dafür zu erwarten?
Es gibt verschiedene Angebote für Webseiten, einschließlich E-Mail-Adresse. Hierbei empfiehlt es sich, direkt ein komplettes Paket für ein Jahr zu buchen. Das kostet je nach Ausstattung etwa 100 Euro jährlich, ein späterer Wechsel ist immer noch möglich.

Welche Tipps gibst Du den anderen mit?
Ich würde dazu raten, zu Beginn erst einmal kleine Schritte machen. Ganz zu Anfang die folgenden:

1. Die Gewerbeanmeldung. Wichtig ist es, die richtige Rechtsform zu wählen.
2. EORI Nummer beantragen bei der Zolldirektion.
3. Währenddessen kann man parallel schon die Webseite bearbeiten.
4. Bestellung der Ware: IMMER einen Provenienznachweis oder das Formular EUR.1 (Certificado de Origin) mit anfordern.
5. Kommt die Ware dann in Deutschland an, schickt der DHL-ZOLL eine E-Mail. Am besten Vollmacht geben, um die Papiere von Exporteur und Importeur zu kontrollieren. Wenn alles okay ist, wird die Ware direkt freigegeben.

Wie schnell konntest du nennenswerte Umsätze verbuchen?
Trotz kurzer Zeit hatte ich schon nach wenigen Wochen gute Einnahmen. Das lag sicher auch an der guten Vernetzung und Auffindbarkeit. Produkte aus Alpakawolle werden in der Regel in Herbst und Winter gekauft. Die Hauptsaison geht von November bis Februar. Ab August kann man dann wieder in die Offensive gehen, wobei Qualität nicht unbedingt teuer sein muss.

Man sollte dabei Immer die Konkurrenz beobachten und ab und zu Angebote erstellen. Zum Beispiel für Weihnachten, Valentinstag, Muttertag, Vatertag, Sales % usw.

GESUNDHEIT

Export von medizinischen Geräten nach Peru
Interview mit Matthias Wilde

Welche Einfuhrbestimmungen gibt es?
Medizinische Geräte müssen für den Import nach Peru bei der Dirección General de Medicamentos, Insumos y Drogas (DIGEMID) registriert werden, bevor sie im Land verkauft werden können (Registro Sanitario). Dafür ist eine Bescheinigung erforderlich, dass der entsprechende Artikel im Ursprungsland vertrieben werden darf.

In Deutschland ist dafür das Bundesinstitut für Arzneimittel und Medizinprodukte zuständig (www.bfarm.de). Eine Bescheinigung über die DIGEMID-Registereintragung muss der Zollbehörde (www.sunat.gob.pe) beim Import vorgelegt werden.

Wer macht den Funktionstest?
Nur der Hersteller – noch. Bisher wurde weder in den USA noch in der EU ein Nachweis über therapeutische oder medizinische Effektivität verlangt, nur eine Sicherheitsprüfung war vorgeschrieben (um sicherzustellen, dass dem Käufer das Ding quasi nicht um die Ohren fliegt oder einfach so kaputtgeht), z. B. das CE-Siegel. Das ändert sich mit der neuen Medical Device Regulation (MDR) der EU, die im Mai 2020 endgültig in Kraft tritt. (Eine große Herausforderung für deutsche MedTech-KMUs.) Bisher orientierte sich die DIGEMID immer stark an der FDA, aber auch EU-Vorgaben werden in immer stärkerem Maße beachtet (z. B. die Notwendigkeit von Periodic Safety Update Reports, den PSURs). Das bedeu-

38

tet, dass die DIGEMID früher oder später für den Import auch die deutlich strengere MDR-Dokumentation verlangen könnte.

Welche Produkte darf ich überhaupt importieren?
(Laser als Waffe)
Im Grunde alles, solange es entsprechend der Dokumentation des Herstellers bzw. der zertifizierenden Stelle des Exportlandes als Medizinprodukt deklariert ist und die benötigten Dokumente vorliegen.

Welche Auflagen muss ich erfüllen?
Zuständig ist die DIGEMID (Dirección General de Medicamentos, Insumos y Drogas) des MINSA. Auch wenn die Bezeichnung nur auf pharmazeutische Produkte hinweist, diese Stelle kümmert sich auch um dispositivos médicos. Zunächst ein kurzer Überblick, was unter den verschiedenen Begriffen zu verstehen ist:
www.digemid.minsa.gob.pe

Hier sind die verschiedenen Tramites aufgelistet, die man je nach Produktklasse für die Anmeldung bearbeiten muss: www.digemid.minsa.gob.pe/Main.asp?Seccion=886

Und hier finden Sie die Formulare, die für dispositivos médicos ausgefüllt werden müssen:
www.digemid.minsa.gob.pe/Main.asp?Seccion=759

Allgemein empfehle ich aber immer eine vorherige Kontaktaufnahme mit einem Ansprechpartner der DIGEMID, damit sie einen da durchlotsen und z.B. auf besondere Details hinweisen. Ein peruanischer Kontakt vor Ort ist natürlich besonders hilfreich, am besten ein studierter

Químico Farmacéutico (QF), denn die QF-Welt in Peru ist klein und viele kennen sich von Studium oder Colegio de QF untereinander.
Warnung: Die DIGEMID hat sehr kompetente Mitarbeiter und arbeitet meiner Erfahrung nach hochprofessionell, entspricht also nicht dem Klischee einer verschlafenen, inkompetenten Dritte-Welt-Behörde. Ein respektvolles Auftreten und ein genaues Befolgen der Anweisungen sind daher Pflicht.

Gibt es Kleingeräte, die weniger kostenintensiv sind?
Das ist eine komplexe Frage. Auf der einen Seite würde ich gerade KMUs empfehlen, so klein und so simpel wie möglich anzufangen (beispielsweise OP-Besteck oder Nahtmaterial sind schnell registriert und in den Markt zu bringen). So kann erst einmal Erfahrung gewonnen werden. Ein Problem dabei ist natürlich, dass die Kunden solche Waren viel billiger aus China beziehen können, hier ist also Differenzierung Pflicht, und zwar durch Attribute, die die Billigkonkurrenz nicht vorweisen kann.

Eine Stufe höher wären dann sogenannte aktive Medizingeräte im eigentlichen Sinne, z. B. Dialysatoren, EEG/EMG-Messgeräte, mobile Röntgengeräte etc. Die Kostenspanne in Deutschland – die natürlich je nach Produkt variiert – liegt im niedrigen fünfstelligen Bereich. Die höchste Stufe wären dann richtige Millionengeräte, aber auf dem Niveau bewegt sich in Deutschland eigentlich nur Siemens. Die Anmeldung kann in schwierigen Fällen bis zu drei Jahren dauern, davon sollte man sich aber nicht abschrecken lassen.

Gibt es Medizinprodukte für Endverbraucher, nicht nur für Kliniken? (Z. B. Epilierer, Massagegeräte, Infrarotlampen)
Ja, nur sind das dann keine MedProdukte im engeren Sinne mehr, sondern „nur" noch Wellness-Artikel. Als Markt aber hochinteressant! Erstens spart man sich die DIGEMID-Anmeldung, zweitens ist „la belleza" auch in Peru ein zeitloser Wert und drittens ist Wellness meiner Meinung nach auch in Lateinamerika ein Trend der neuen Mittelschicht, wie auch der Alten, die mehr Lebensqualität wollen. Würde ich selbst jetzt noch mal in den Healthcare/Wellness-Bereich einsteigen, würde ich mich darauf konzentrieren, anstatt auf den zwar potenziell profitablen, aber zeitraubenden und komplexen Med-Tech-Sektor zu setzen.

Wie erhält man seine erste Bestellung aus peruanischen Kliniken und Schönheitssalons?
Das A und O ist, wie immer in Peru, ein direkter Kontakt. Entweder man schließt einen Vertrag mit einer lokalen Vertriebsfirma (das bringt aber viele Gefahren mit sich und man baut kaum eigene Netzwerke auf) oder man tut sich, gerade am Anfang und als Einzelentrepreneur, mit einem erfahrenen Rep (representante médico) zusammen, dem man auch gute Kommissionen bietet. Hier hat man es mit einem schwierigen, wankelmütigen Völkchen zu tun, aber ohne Kontakte und den richtigen Riecher geht eben nichts.

Bei Kliniken muss zwischen privat und öffentlich unterschieden werden. Von letzteren rate ich ab: zu enge Bedarfsvorgaben, zu kleine Budgets, komplizierter Zugang. Nur was für etablierte lokale Firmen mit erfahrenen und gut vernetzten Reps „on the ground". Privatkliniken hingegen haben das Geld und die Entscheidungsfreiheit, und Equipment „made in Germany" ist für die Klinik auch ein Marketingargument gegenüber der zahlungskräftigen Kundschaft. Oftmals ist es sehr effektiv, als Deutscher im Anzug direkt dem Chefarzt oder dem kaufmännischen Geschäftsführer einen Besuch abzustatten. Dies halte ich für den sinnvollsten Weg für einen Business Developer aus Deutschland, der noch wenig Erfahrung mit Land und Leuten hat.

Schönheitssalons: Auf diesem Gebiet konnte ich bisher noch keine Erfahrung sammeln. Solche Betriebe sind normalerweise sehr kleinteilig, aber ein richtiger High-End-Salon, z. B. in La Molina, kann sicherlich ordentlich zahlen. Auch hier kann der Deutschenbonus sicherlich so manche Tür öffnen. Den weiter oben beschriebenen Wellnessmarkt halte ich zwar wie erwähnt für vielversprechend, aber die möglichen Vertriebskanäle sind für mich, ehrlich gesagt, noch diffus. Die Rolle des Internets wird sicherlich noch steigen – wird hier aber mittel- bis langfristig Amazon voraus sein? Dies wiederum ist ein Argument dafür, doch auf dispositivos médicos im eigentlichen Sinne zu setzen.

Wie entscheide ich über Anzahl und Auswahl der Produkte für den Privatverbraucher?
Hier liegt der Hase im Pfeffer, es handelt sich um ein Henne-Ei-Problem, da man so oder so in Vorkasse gehen und immer ein wenig ins Blaue schießen muss. Wichtig ist in jedem Fall natürlich auch ein Grundvertrauen zum Hersteller/Exporteur in Deutschland. Die meisten haben großes Verständnis für die Unwägbarkeiten des Markteinstiegs und akzeptieren daher auch die Abnahme deut-

lich kleinerer Mengen, als es normalerweise in DE/EU üblich ist. Mein/unser allererster Sale waren (nicht lachen!) Kondome, und von dieser Nische hatte ich nur durch meine gute Freundin Natali erfahren, die viele Jahre Erfahrung als Rep hat.

Was waren deine größten Herausforderungen?
Ein gutes, vertrauenswürdiges Team aufzubauen.
Konkret mindestens ein QF, ein gut vernetzter Rep und ein legaler Support. Die müssen nicht festangestellt sein, aber das sind die Mindestskills, die in irgendeiner Form vorhanden sein müssen. Dann noch das oben genannte Henne-Ei-Problem der initialen Produkt- und Marktentscheidung.

Was war dein schönstes Erlebnis?
Mein erster erfolgreicher Verkauf. Das allmähliche Lernen und Verstehen, wie Peruaner im Business ticken, konkret auch in den verschiedenen sozioökonomischen Niveaus (Clínica Ricardo Palma versus Dos de Mayo ... ein krasser Unterschied).

Was ist sonst noch wichtig?
Ohne Investition von Lebenszeit vor Ort geht meiner Meinung nach eigentlich überhaupt nichts.
Die Vorstellung, man könne einfach so in Peru aufschlagen und sofort damit anfangen, die Deals zu machen, halte ich für naiv. Nicht ohne Grund leben eigentlich so ziemlich alle Gringos, die ein eigenes Business oder einen guten Job haben, seit Jahren im Land und haben peruanische Partner.

Export von Kosmetik und Körperpflegeprodukten nach Peru

Gesundheit

Muss man spanische Etiketten drucken lassen?
Eine Betriebsanleitung und/oder Packungsbeilage auf Spanisch ist notwendig, ebenso eigene Etiketten für Peru. Diese müssen die Normen des Landes erfüllen. Der Hersteller in Deutschland muss für den Druck Sorge tragen, da die Packungsbeilage ja der Schachtel, dem Karton oder dem Gebinde beigelegt werden muss.

Kann man deutsche Produkte als eigenes Label schon hier umverpacken lassen?
Meist wird in Peru das Produktlabel des Herstellers verwendet. Das ist für die Vermarktung fördernd, da Made in Germany eine hohe Reputation und großes Vertrauen genießt. Die Verpackung kann komplett auf Spanisch beschriftet sein.

Benötigt man Genehmigungen vom Hersteller?
Mit Produktherstellern in Deutschland wird ein Vertrag geschlossen, der sowohl Rahmenbedingungen als auch Lizenzen beinhaltet.

Entsprechen sie den peruanischen UND europäischen Export-Bestimmungen?
Die Produkte aus Deutschland entsprechen nur den europäischen Normen. Peruanische Normen weichen in der Regel davon ab, daher muss das Produkt in Peru zugelassen werden.

Wie flexibel muss man sein, um seine Waren in Peru anzubieten?
Der Vertrieb in Peru ist grundsätzlich landesweit möglich, aber mit Reisen verbunden. In der Hauptstadt Lima lebt rund 30% der Landesbevölkerung. Dünner besiedelte Regionen haben jedoch noch offenere Märkte.

Richtet man sich besser an Einzel- oder an Großkunden?
Grundsätzlich lassen sich Kosmetikprodukte nicht gut zusammen mit medizinischen Produkten verkaufen. Daher sind zwei verschiedene Vertriebsorganisationen nützlich. Das Augenmerk liegt meist auf Geschäftskunden. In Peru muss man zwischen großen, landesweiten Einzelhandelsketten inklusive Apotheken und Kleinsthändlern unterscheiden. Dabei wird der Preis des Produktes vom Hersteller vorgegeben. Der Händler verkauft dann zu einem individuellen Preis. Liegt ein Kosmetikprodukt im Einkauf zum Beispiel bei 30 Euro, steigt der Preis in Peru auf etwa 70–75 Euro.

Welcher Zeitaufwand ist nötig?
Ein Vertriebsnetz aufzubauen wird etwa zwischen 6 und 12 Monaten in Anspruch nehmen. Der Hauptaufwand ist dabei die Zulassung für kosmetische Waren. Nachdem ein Lieferantenvertrag geschlossen ist, erhält der peruanische Importeur vom deutschen Hersteller alle Informationen zum Produkt, um diese der Behörde in Peru vorzulegen. Bis die Genehmigung vorliegt, ist es ein langwieriger Prozess, der oft Monate dauert. Wichtige Dokumente für den Export, wie etwa das Ursprungszeugnis, liefert der Hersteller. Oft besorgt er sogar weitere Informationen, z. B. welche Airline oder welcher Vor-Ort-Versender am günstigsten ist.

Gesundheit

Der Export von Beauty-Food und Nutricosmetic ist ein weites Geschäftsfeld. Genau wie die Nachfrage wächst auch die Anzahl der unterschiedlichen Produkte auf dem peruanischen Markt rapide an.

Im Hinblick darauf ist es schwer zu sagen, welches dieser Erzeugnisse in Peru in den Bereich Nahrungsmittel, Nahrungsergänzungsmittel oder Arzneimittel fällt.

Um das herauszufinden, bietet die DIGESA (Dirección General de Salud Ambiental) äußerst nützliche Hilfestellungen an. Hier finden Sie alle wichtigen Informationen über den Im- und Export von Lebensmitteln, verwandten Produkten und Hygienestandards. Hier ihre Webseite: http://www.digesa.minsa.gob.pe/

Direkten Zugriff auf die nötigen Anträge bekommt man auf der folgenden Internetseite. Es handelt sich um das peruanische Gesundheitsregister für den Import. Dort stehen nicht nur die entsprechenden Formulare zur Verfügung, sondern auch viele Artikel rund um den Aufbau spezieller Geschäftsideen.

https://mep.pe/registro-sanitario-para-importacion-instituciondigesa/

Aufbau einer Bäckerei
Imke Barthel

Auch unsere nächste Interviewpartnerin Imke Barthel ist bereits eine erfolgreiche Unternehmerin. Sie betreibt eine deutsche Bäckerei in Lima. Auch sie half mit Freude dabei, einige wichtige Fragen zu klären.

Braucht man ein Gesundheitszeugnis, um eine Bäckerei zu eröffnen?
Ja, man braucht ein Gesundheitszeugnis dafür. Ausgestellt wird es vom EsSalud des betreffenden Distriktes. Das EsSalud ist ebenso zuständig für die Sozialversicherung und andere administrative Dinge. Es ist eine wichtige Anlaufstelle für Menschen, die in Peru tätig werden möchten. Zur ersten Orientierung, was dort alles geregelt werden kann, gibt es auch eine übergeordnete Seite im Internet:
https://www.gob.pe/categorias/6-salud

Brauche ich eine anerkannte Ausbildung dafür?
Ja, Sie brauchen eine Ausbildung dafür.

Braucht man eine eigene Bäckerei oder kann ich die Backwaren bei einer bestehenden in Auftrag geben?
Gebacken wird idealerweise in der eigenen Bäckerei. Respektive in einem speziellen Ofen, dessen Ausstattung und Umfeld verschiedene Hygienestandards erfüllen sollte. Die Herstellung von Backwaren nach deutschen Rezepten in Auftrag zu geben ist vermutlich nicht so sinnvoll. Schließlich fallen nicht nur die Zutaten, sondern

47

auch der gesamte Ablauf unter das 'Betriebsgeheimnis'. Eine fremde Bäckerei während der ungenutzten Zeiten zu mieten und dort selbst zu backen wäre für den Anfang jedoch denkbar. Vorteilhaft wäre dabei, dass die Waren ihr Image der deutschen Handarbeit behalten würden und vielleicht direkt in einem schon bestehenden Ladengeschäft mitverkauft werden könnten. Ein Nachteil ist, dass ungenutzte Zeiten wohl mit frischen Brötchen am Morgen kollidieren.

Wie finden die Backwaren ihren Weg in die Läden?
Ist es nicht möglich, eine Partnerschaft (wie oben beschrieben) einzugehen, liefert eine Bäckerei bei größeren Bestellungen aus. Für kleinere Mengen kommen die Leute selbst in die Bäckerei.

Welche Transportkosten fallen an? Zum Beispiel bei einer Lieferung unter Warmhaltung?
Brötchen werden bei der Auslieferung nicht warm gehalten. Das Problem ist eher eine Kühlung, wenn man größere Mengen Konditoreierzeugnisse produziert. Das sollte man sich nur erlauben, wenn man auch weiß, dass man sie rechtzeitig verkaufen kann. Es empfiehlt sich also, zu Beginn nur auf Bestellung zu backen.

Welche Personal- und Logistikkosten entstehen?
Für die eigene Arbeit entstehen keine Kosten. In Peru kostet ein angestellter Bäcker monatlich um die 600 Euro. Hinzu kommen die Sozialabgaben. Selbst auszuliefern ist schwierig, da man die Backstube zuweilen gar nicht verlassen kann. Ein Auslieferungsfahrer per Fahrrad, Roller oder PKW kostet jedoch nur ein Trinkgeld.

Größere Bäckereien haben in der Regel mindestens ein Fahrzeug für die Auslieferung. In welcher Preisklasse das liegt, bleibt jedem selbst überlassen.

Was waren für dich besonders schöne Erlebnisse?
Sie waren es nicht, sondern sie sind es noch! Immer wieder von den Kunden zu hören, wie lecker das Brot oder der Kuchen war, ist für mich eine Erfüllung. Unsere größte Herausforderung war bisher ein Catering für 300 Personen für die 'Camara Peruano Alemana' im Haus des deutschen Botschafters.

Vor allem schätze ich, dass meine Angestellten sich immer voll ins Zeug gelegt und bis heute nicht aufgehört haben, ihr Bestes zu geben.

Lebensmittel

Lebensmittel

Deutsche Wurst- und Fleischwaren sind nicht nur in Peru begehrt. Hier einige Fragen und Antworten von einem Metzgermeister.

Braucht man eine Ausbildung, um in Peru als Metzger zu arbeiten?
Das ist nicht notwendig, jedoch nützlich. In Peru gibt es hauptsächlich Hygieneschulungen, was aber auch maßgeblich die Qualität ausmacht.

Braucht man ein Gesundheitszeugnis?
Ja, das nennt sich 'Carnet de Sanidad'.

Gibt es die Zutaten für deutsche Rezepte auch in Peru?
Die gibt es natürlich schon, aber nicht mit der besonderen Gewürznote. Ingredienzen können aus Europa importiert werden.

Gibt es staatliche Auflagen oder Kontrollen?
Es gibt klare Hygienevorschriften für Metzgerbetriebe in Peru. Die DIGESA kontrolliert die Einhaltung. Es ist also angebracht, die Vorgaben peinlich genau zu erfüllen.

Woher kommt das Fleisch, wie ist die Qualität gesichert?
Schweinefleisch kommt zum Beispiel von einer besonderen Rasse aus Spanien. Sie wurde vor ein paar Jahren nach Peru gebracht. Das meiste Rind- und Schweinefleisch wird aus anderen südamerikanischen Ländern importiert. Auch darauf kann man zurückgreifen, wenn der Umsatz anfangs noch nicht für den Einkauf edelster

Rohprodukte reicht.

Wie lange sind Metzgereiprodukte haltbar?
Es gibt unterschiedliche Richtwerte dafür. Frische Ware
hält 5 bis 10 Tage, gegarte Ware 30 bis 45 Tage. Danach
muss sie entsorgt werden.

Gibt es Abnehmer für entsorgte Wurst?
Mit Fleischabfällen lässt sich kein zusätzliches Geld verdienen. Andere entsorgen sie illegal bei Schweinefar-
men. Diese werden jedoch streng überwacht, weswegen
man davon klar abraten muss. Man ist also gut beraten,
am Anfang des Geschäftsaufbaus nur die Mengen zu produzieren, die man auch sicher verkaufen kann. Das gilt
natürlich auch für später, wo man sich vielleicht mal eine
Fehlkalkulation leisten kann. Qualität und Frische sind
jedoch das oberste Gebot, nicht nur weil es darum geht,
sich einen Namen zu machen. Erstklassige Ware und
bester Service sind darüber hinaus Voraussetzung, um
sich gegen bereits etablierte Metzgereien durchzusetzen.

Braucht es ein eigenes Ladengeschäft?
Um professionell in den Markt einzusteigen, ist das zwingend notwendig. Die Mietpreise für solche Geschäfte sind
an strategisch wichtigen Punkten aber leider ziemlich
hoch. Bei Hinterhof-Metzgereien hingegen fällt es den
Kunden deutlich schwerer, Vertrauen zu entwickeln.
Daher erfordert diese Variante wahrscheinlich deutlich
mehr Geduld bis zum wirtschaftlichen Erfolg.

Wie ist das mit Kühlung, Lagerung und Verpackung?
Da die modernen Betriebe und Supermärkte alle nach
dem Hygienestandard HACCP (Hazard Analysis And Cri-

tical Control Points) arbeiten, wird die Kühlkette streng kontrolliert. Auf dem informellen Markt ist man eher tolerant. Dosen und Gläser werden kaum benutzt, weil das zu hohe Einsatzkosten erzeugt. Heutzutage gibt es Plastikdärme, die das Produkt wie eine Dose hermetisch verschließen. Naturdärme werden hauptsächlich für frische Brat- und Grillwürste benutzt.

Peru importiert Lebensmittel aus den verschiedensten Gegenden der Erde. Die wichtigsten Herkunftsländer sind Kolumbien, Chile, Brasilien, Uruguay, USA, Guatemala, Kanada, Ecuador, Neuseeland und Argentinien.

Export von deutschen Spezialitäten nach Peru als Online-Handel

Peru importiert Lebensmittel aus den verschiedensten Ländern. Die wichtigsten Länder sind Kolumbien, Chile, Brasilien, Uruguay, USA, Guatemala, Kanada, Ecuador, Neuseeland und Argentinien. Selbst organisierte Exporte aus kleineren Ländern sind eher selten, doch der Markt dafür vergrössert sich. Im Gegensatz zur Landbevölkerung verfügt eine wachsende Mittelschicht auch über einen Internetanschluss, um Bestellungen vorzunehmen.

Welche Formalitäten sind dazu nötig?
Unter den Begriff der Spezialitäten fallen vornehmlich kulinarische Genüsse. Um sie aus Deutschland einführen zu dürfen, ist es nötig, sie bei der peruanischen DIGESA (Dirección General de Salud Ambiental) anzumelden. Zu den nötigen Dokumenten zählen:

- Zertifikat des freien Verkaufs, ausgestellt von der zuständige Behörde im Ursprungsland. Details dazu finden sich bei der Bundesanstalt für Landwirtschaft und Ernährung in Bonn
- Abgabe der Untersuchungsergebnisse des Produktes zu den Bestandteilen
- Kopie der Umsatzsteueridentifikationsnummer
- Übersetzung auf Spanisch
- Musteretiketten
- Zahlung der Gebühr

Die Genehmigung wird in der Regel nach sieben Arbeitstagen erteilt.

Welche Internet-Marktplätze gibt es in Peru?
Große Internethändler wie Alibaba oder Amazon sind in
Peru nicht direkt vertreten. Stattdessen sind dort nationale Internetportale aktiv. Eines der bekanntesten ist
Mercadolibre.com.pe
Auf dieser Internetseite kann man sich direkt anmelden,
um etwas zu verkaufen. Für den sofortigen Einstieg in
den Internethandel und zur Steigerung des Bekanntheitsgrades ist dies eine sinnvolle Möglichkeit.

Welche Schwierigkeiten könnten auftreten?
Haupthindernis ist die fehlende Sicherheit, dass die Ware
überhaupt ankommt. Das hat auch damit zu tun, dass in
Peru Straßenschilder manchmal gar nicht existieren oder
es teilweise weder Türklingeln noch Namensschilder gibt.
Es ist also für den Lieferanten vor Ort oder die staatliche
Post (SerPost) manchmal gar nicht so einfach, einen
Empfänger ausfindig zu machen.

Wie könnte man das Kundenvertrauen steigern?
Bei Verkaufsportalen im Internet kann jeder alles anbieten. Ob diese Personen seriös sind, weiß der Käufer
nicht. Die Betreiber des Portals gewähren zwar oft eine
Käufergarantie, doch der Verkäufer bleibt dabei nahezu
anonym.

Zusätzliche Sicherheit gewinnt der Kunde jedoch, wenn
man bereits eine eigene Webseite hat. Diese dient nicht
nur dazu, eingehender über Produkt und Händler zu informieren, sie kann auch zu einer Direktbestellung ver-
leiten. Dadurch würden auch Provisionen für ein
Online-Portal entfallen.

Wie wichtig ist dabei Online-Marketing?
Es ist die Grundvoraussetzung für einen erfolgreichen Internethandel. Denn ein Produkt, das niemand kennt, kann auch keiner kaufen. Dem Thema Suchmaschinenoptimierung, der Nutzung von Social Media und anderen wichtigen Maßnahmen ist ein eigenes Kapitel gewidmet. Unter 'Inka-Digital' erfahren Sie alles darüber, was Sie wissen sollten.

Lebensmittel

Import von Kaffee nach Deutschland
Antonia Schwoche, Kaffeehaus AQP

Antonia Schwoche betreibt zusammen mit ihrem Mann Manuel ein Kaffeehaus in Peru. Mit dem Café Tostaduría in Arequipa haben sie ihre Geschäftsidee bereits erfolgreich umgesetzt. Antonia und Manuel importieren keinen Kaffee, sondern veredeln ihn. Dennoch dürfen wir von ihrer Erfahrung profitieren, die sich als sehr nützlich für die Ausfuhr nach Deutschland erwiesen hat.

Die rechtlichen Voraussetzungen für den Import nach Deutschland sind jedoch andere als bei Lieferungen in umgekehrter Richtung. Jeder Handel mit Lebensmitteln unterliegt der staatlichen Kontrolle. In Peru ist dafür die DIGESA zuständig, in Deutschland ist es das Bundesministerium für Verbraucherschutz und Lebensmittelsicherheit (BVL). Nähere Informationen dazu finden Sie auf der Internetseite https://www.bvl.bund.de

Doch damit nun zu unserem Interview.

Was ist das Erfolgsrezept gegen den Massenimport?
Heutzutage suchen die Leute nach Exklusivität. Meiner Meinung nach sollte man die kompletten Kleinstmengen an eine Kaffeerösterei verkaufen. Von einem bestimmten Bauern und einer bestimmten Kaffeevarietät.

Dadurch hätte dieser die Möglichkeit zu reinvestieren, sei es in Marketing (z. B. bedruckte Kaffeesäcke) oder in Prozesse wie die Zertifizierungen. Das ermöglicht es auch, ein bestimmtes Wachstum der Bauern mitzuverfolgen. Außerdem gefällt es den Kunden, wenn sich eine

56

Geschichte hinter dem Kaffee oder der speziellen Finca des Kleinbauern verbirgt. Wenn sie wissen, dass sie durch ihren Kauf genau diesen Bauern unterstützen, sind sie oftmals gern bereit, etwas mehr auszugeben. Bei unserem Café hat der soziale Anspruch sehr gut funktioniert und deshalb halte ich das Prinzip für eine große Chance beim Import nach Deutschland.

Gibt es Kaffeesorten, Mischungen oder Zubereitungsarten, die ein besonderes Image besitzen?
Ja, die gibt es. Zum Beispiel Demeter-Kaffee, die Mutter des Bio-Kaffees. Oder der Fermentationsprozess Honey, häufig ist der Prozess unter der Bezeichnung 'Lavado' bekannt. Dementsprechend wäre es sogar eine neue Geschäftsidee, nicht nur einfach Bohnen zu importieren, sondern direkt in Peru veredelten Kaffee. Das wäre dann wirklich nachhaltig.

Wer könnte deutlich teureren Kaffee kaufen wollen?
Menschen, die bewusster leben möchten und Wert auf Bio-, Fairtrade- oder Demeter-Zertifizierungen legen. Beim Kaffee ist es wie beim Wein. Leute, die sich damit beschäftigt haben, sind bereit mehr Geld für eine Flasche auszugeben.

Genauso ist es auch mit dem Kaffee. Wer einmal auf den Geschmack von Spezialitätenkaffee gekommen ist, wird keinen anderen mehr wählen. Und wer sich auch noch mit den Effekten und Defekten des Kaffees in der Tasse auskennt, wird sich automatisch für einen teureren entscheiden.

Welche Bezugsquellen sollte man bevorzugen? Eher den Großhandel oder selektierte Kleinbauern?
Unser Ziel ist es, dass die Kleinbauern ihre Lebensqualität verbessern können. Sie sollten durch den Erlös ihrer Ernte imstande sein, ihre Prozesse zu verbessern. Eine angemessene Bezahlung trägt maßgeblich dazu bei.

Einen wesentlichen Unterschied zwischen dem Kaffee vom Großhändler und vom Kleinbauern macht die Art, wie der Kaffee geerntet wird. Im industriellen Anbau wird maschinell gepflückt, also Bohnen jeglicher Reife und Größe. Die Kleinbauern hingegen haben die Möglichkeit, durch das Pflücken per Hand nur die reifen Bohnen zu ernten, auch diejenigen, die in den hintersten Ecken versteckt sind.

Hier spielen auch die Höhe und die Topografie eine große Rolle. Pflückanlagen kommen nur auf ebenen Flächen und in niedrigen Höhenlagen voran. Kaffee aus den Bergen ist jedoch deutlich aromatischer als Kaffee aus dem Tiefland. Dieses Qualitätsmerkmal ist beim Handel mit Kaffee ein schlagendes Verkaufsargument.

Welche Werbemaßnahmen sind nötig?
Für unser Café haben sich Messen in Peru als effektiv erwiesen. Darüber hinaus gibt es Newsletter von unserer Webseite oder Testimonials wie zum Beispiel „der Bauer Javier". Außerdem setzen wir auf Beiträge auf Facebook, Instagram sowie auf Mund-zu-Mund-Propaganda. Bei einem Import nach Deutschland könnten die Werbemaßnahmen ähnlich aussehen.

Welche Verpackungsarten sind möglich?
Den Röstkaffee verpackt man optimalerweise in Ventil-
beuteln. In dieser Form behält der Kaffee möglichst
lange sein Aroma, weil er vor Sauerstoff geschützt ist.
Durch das Ventil tritt Luft aus der Tüte aus, es kommt
jedoch keine herein. Ein Nachteil dieser Verpackungsart
ist die geringe Umweltfreundlichkeit. Für den Export des
Rohkaffees sind die atmungsaktiven Plastiktüten namens
GrainPro bestens geeignet. Darin bildet sich keine Feuchtigkeit, sodass der Kaffee vor Schimmelbefall geschützt
ist.

Die Kaffeesteuer beträgt in Deutschland übrigens 2,19 €
pro Kilo auf gerösteten Kaffee.

Lebensmittel

Import von Pisco
Miguel Sifuentes, Malco Lara del Pozo

Dass der Import des peruanischen Nationalgetränkes nach Deutschland bereits funktioniert, beweisen uns Miguel Sifuentes und Malco Lara del Pozo. Mit 'Pisco Cascajal' eroberte das Unternehmen bereits die Regale namhafter Kaufhäuser. Ohne Zweifel bleibt da noch Raum für weitere Importeure, um die steigende Nachfrage zu befriedigen. Worauf man dabei achten muss, erklären die folgenden Antworten.

Braucht man eine Lizenz, um Alkohol zu verkaufen?
Nein, man braucht keine spezielle Lizenz. Sobald ein alkoholisches Getränk abgefüllt ist, ist es ein frei handelbares Produkt, bei dem alle Auflagen und Abgaben bereits vom Erzeuger übernommen wurden.

Importiert man besser Flaschen oder Fässer?
Wir importieren Pisco in Flaschen, denn es ist deutlich einfacher, Abnehmer für kleinere Gebinde zu finden als für große. Deshalb ist es wichtig zu wissen, dass Pisco ein geschütztes Produkt ist und gar nicht umgefüllt werden darf! Wir etikettieren direkt in Peru, mit europäischen Etiketten, was die Sache deutlich vereinfacht.

Welche Kosten für den Import fallen an?
Kosten für Logistik machen ca. 15 % vom COGS aus. Diese Abkürzung stammt aus der Betriebswirtschaftslehre und bedeutet 'Cost of Goods Sold'. Dabei geht es darum einen Endpreis zu kalkulieren.

Welche Zielgruppen gibt es für Pisco?
Als Hauptzielgruppe kann man erwachsene Männer benennen, wenn es darum geht, Pisco pur zu genießen. Ansonsten dehnt sich das bei Cocktails auch auf Frauen aus. Für den Online-Handel sind aber nicht nur Endverbraucher interessant, sondern auch Spirituosenläden, Restaurants, Bars und diverse Geschäfte des Einzelhandels.

Was waren die drei größten Herausforderungen?
- Pisco bekannter zu machen.
  Dazu ist es sinnvoll, auch manchmal Verkostungen zu organisieren oder Gratisproben anzubieten.
- Die Menschen von der Hochwertigkeit zu überzeugen.
  Pisco ist ein exklusives Getränk, das nur in bestimmten Regionen Perus erzeugt werden darf. Die Sorgfalt bei der Herstellung und der Auswahl der Trauben ist ein zentrales Element bei der Bewerbung des Produktes.
- Das optimale Marketing zu finden.

Was sind deine drei wichtigsten Tipps?
Die sind ziemlich schnell genannt:
Reden, erklären und niemals aufgeben.

Was sind deine drei schönsten Erlebnisse oder Erfolge?
- Die Auflistung bei Galeria Kaufhof.
- Die Abnahme durch den regionalen Getränkefachgroßhandel in Berlin, Hamburg, Köln, Frankfurt, Stuttgart und München.
- Export in 5 verschiedene europäische Länder.

Import und Handel mit peruanischen Lebensmitteln online

Der Handel mit Lebensmitteln in Deutschland wird vom BVL überwacht. Sowohl die Registrierung bei der zuständigen Lebensmittelüberwachungsbehörde als auch die Kontrollen sind kostenlos. Zu Lebensmitteln zählen alle Stoffe, bei denen davon ausgegangen werden kann, dass sie von Menschen aufgenommen werden, also auch Wasser oder Tabak. Demnach stellen sich folgende Fragen:

Welche Lebensmittel eignen sich für den Import?
Hier ist noch eine Ergänzung nötig: Bei der Registrierung wird jedes Produkt in eine Risikoklasse eingestuft. Nach dieser Einteilung richten sich die Abstände der wiederkehrenden Kontrollen, die von täglich bis dreijährlich variieren können. Hermetisch verschlossene Verpackungen mit langem Haltbarkeitsdatum fallen dabei unter die geringste Risikoklasse. Demzufolge sollte man darauf achten, seine Waren auch nach diesen Vorgaben auszuwählen.

Darüber hinaus ist natürlich das Kundeninteresse der wichtigste Faktor, gefolgt vom Transportgewicht und der zu erwartenden Gewinnmarge.

Welche Lagermöglichkeiten braucht man?
Sofern man den Ratschlag befolgt, zunächst nur haltbare Lebensmittel zu importieren und auf verderbliche Ware zu verzichten, kann das Produkt direkt aus Peru verschickt werden. Eine Einzelabfertigung ist jedoch deutlich aufwendiger, als sich in Deutschland einen

überschaubaren Vorrat der Produkte anzulegen. In diesem Fall hätte man ebenfalls die volle Kontrolle über den termingerechten Versand und kurze Wartezeiten für den Besteller. Letzteres ist erfahrungsgemäß ein sehr wichtiger Punkt bei der Kaufentscheidung.

Ein Extralager oder -kühlhaus ist bei richtiger Auswahl der Importprodukte nicht unbedingt erforderlich. Sollte das Geschäft später gute Gewinne abwerfen, kann man darüber nachdenken, auch frische Ware zu importieren. Das ist erheblich kostenintensiver, doch dieses Marktsegment ist bislang noch fast gar nicht besetzt.

Wo findet man Interessenten für Lebensmittel aus Peru?
Es gibt neben zahlreichen Peru-Foren im Internet auch eine zunehmende Gruppe von Menschen, die sich für exotische Lebensmittel oder landestypische Spezialitäten begeistern. Bisher befriedigen sie ihre Neugier hauptsächlich, indem sie südamerikanische Restaurants besuchen. Diese Lokale zählen ebenfalls zur direkten Zielgruppe, das wahre Ziel sollte es aber sein, die Konsumenten selbst als Käufer zu gewinnen. Als Mittel dient hierzu neben der eigenen Webseite auch eine intelligente Nutzung von Social Media. Wie das funktionieren kann, zeigen die nächsten Absätze.

Was muss ein Online-Auftritt leisten?
Zur Kundengewinnung ist es nötig, eine ansprechende Internetseite zu haben. Möglichst einfach zu bedienen, wenn möglich mit integriertem Shop und bequemen Abrechnungssystemen. Das ist aber nicht der zentrale Punkt, wenn es um den Erfolg geht. Viel elementarer ist es, zu wissen, dass potenzielle Kunden so gut wie nie

nach einer speziellen Zutat suchen. Stattdessen recherchieren sie zuerst nach kompletten Rezepten!
Wer diese auf seiner Webseite anbietet, wird schneller gefunden und erfüllt das vorgenannte Ziel, nämlich den Menschen das Selbstkochen schmackhaft zu machen. Alle nötigen Zutaten können direkt auf der Homepage bestellt werden, was die Wahrscheinlichkeit eines Kaufs enorm erhöht. Zum Online-Auftritt gehört aber nicht nur die eigene Webseite.

Welchen Einfluss hat digitales Marketing?
Das Thema Essen und Trinken beinhaltet vermutlich die Schlagwörter mit dem größten Suchvolumen der Welt. Dreimal täglich wird im Normalfall gegessen und kein Mensch kann sich der Nahrungsaufnahme entziehen. Dennoch sagt man, dass nur jeder tausendste Besucher einer Webseite etwas kauft. Folglich muss man dafür sorgen, dass es mehr als tausend werden.

Das wird möglich durch die Nutzung von Social Media, wie Facebook, Instagram, Twitter oder Pinterest. Hier sollte man aktiv werden, um sein Angebot subtil zu bewerben. Das ist ein erheblicher zeitlicher Aufwand, doch genau dort befinden sich mögliche Käufer. Vom Restaurantbesitzer über den Südamerika-Fan bis zum gelangweilten Hobbykoch. Mit dem Mehrwert von Rezepten auf der eigenen Homepage erreicht man eine Zielgruppe, die längst dazu übergegangen ist, Social Media als eigene Suchmaschine zu benutzen.

Import und Großhandel peruanischer Lebensmittel

Die rechtlichen Voraussetzungen für den Vertrieb von Lebensmitteln wurden bereits erwähnt.

Der Import und besonders der Großhandel mit peruanischen Lebensmitteln erfordert jedoch einiges mehr an Aufwand. Da größere Geldmengen fließen, zusätzliches Personal notwendig ist und Liefertermine unbedingt eingehalten werden müssen, ist diese Geschäftsidee komplizierter.

Hier sollte eine erfahrene Person oder Organisation dahinterstehen, die über das entsprechende Kapital verfügt. Nicht nur für alle administrativen Dinge, sondern auch für eine mögliche Rechtsvertretung. Denn sowohl in Peru als auch in Deutschland müssen immer wieder Verträge abgeschlossen werden, die auch Konventionalstrafen enthalten können. Die rechtssicher formulierten Kontrakte bedeuten daher einen zusätzlichen Kostenfaktor, auch wegen der Zweisprachigkeit. Unter einem der folgenden Punkte wird genau dieser Bedarf aufgegriffen und eingehender behandelt.

Was sind die Vorteile des Großhandels?
Durch höhere Investitionen sind auch höhere Gewinne möglich. Einerseits sinken die Preise bei größeren Einkaufsmengen rapide. Andererseits sinken auch die Transportkosten, wenn nicht pro Paket, sondern in Paletten oder Containern gerechnet wird. Außerdem ist es möglich, zusätzlich den Frische-Markt zu beliefern.
Doch auch hierbei stößt man an Grenzen, sei es durch

die Dauer des Transports per Schiff oder durch die Kosten für die schnellere Luftfracht. Einen Kundenwunsch in Deutschland mit Machbarkeit in Einklang zu bringen kann tagesfüllende Aufgabe eines einzigen Mitarbeiters werden. All das in beiden Ländern zu recherchieren, zu kalkulieren, zu organisieren, zu kontrollieren und zu koordinieren, erfordert professionelle Fähigkeiten. Dennoch sind die Gewinnaussichten deutlich höher.

Wo findet man mögliche Großabnehmer?
Im Gegensatz zu einem mehr oder weniger privaten Online-Handel eröffnen sich neue Perspektiven. Durch den Großhandel ist es möglich, den Mengenrabatt vom Einkaufspreis weiterzugeben. Das muss man nicht unbedingt tun, hat aber auf diese Weise die Möglichkeit, seine Konkurrenten allein durch den Preis auszuschalten.

Die Einfuhr von Obst, Gemüse und tierischen Produkten aus Peru fällt ohnehin für Kleinstunternehmen aus. Demnach bieten sich für den Großhandel auch Großverbraucher an. Das könnten unter anderem Discounter oder sogar Supermarktketten sein. Aber auch der Einzelhandel bis hin zu Firmenkantinen oder Mensas von Universitäten, Schulen oder Internaten. Damit sei nur ein kleiner Ausschnitt genannt, denn beim Import unverderblicher Waren sind zeitlich keine Grenzen gesetzt.

Superfoods ist ein reiner Marketingbegriff, der Lebensmittel mit Gesundheitsvorteilen beschreibt. Der Begriff Superfoods wird bereits seit Beginn des 20. Jahrhunderts verwendet. Also seit mehr als 100 Jahren. Im Oxford-English Dictionary ist nachzulesen, dass Superfood als nährstoffreiches Lebensmittel, als besonders förderlich für die Gesundheit und das Wohlbefinden erachtet wird.

Warum kommen so viele Superfoods aus Peru?
Einige Superfoods finden sich auch in Deutschland und anderen Ländern. Peru ist in diesem Zusammenhang jedoch besonders. Durch seine Landschafts- und Klimazonen wurden traditionell viele Superfoods seit jeher dort angebaut und gegessen.

Von den weltweit 144 Mikro-Klimazonen finden sich allein 74 in Peru. Irgendwann geriet das Wissen über die Superfoods im eigenen Land jedoch in Vergessenheit.

Welche Superfoods gibt es überhaupt?
Zu den Superfoods gehören etwa die Açai-Beere, Camu-Camu, Katzenkralle, Kakao-Nibs, Rohkakao, Lila Mais, Lucuma, Maca, Physalis, Quinoa, Noni, Chia-Samen, Ajonjoli, Aronia-Beeren und die Goji-Beere. Damit sind längst noch nicht alle genannt, und es kommen ständig neue hinzu, auch Algen und andere Gewächse. Bevor man sich jedoch für den Verkauf einer Sorte entscheidet, sollte man recherchieren, welche überhaupt importiert werden müssen.
Die Aronia-Beere gedeiht zum Beispiel prächtig in Deutschland, ebenso die Goji-Beere. Ihre europäische

Variante ist unter dem Namen 'gemeiner Bocksdorn' bekannt und wächst wie Unkraut.

Welche Superfoods versprechen den größten Gewinn?
Diejenigen, die das beste Image haben und am wenigsten auf dem Markt verfügbar sind. Bei Quinoa und Chia ist die Gewinnmarge wegen der Konkurrenz momentan niedriger. Am besten sollte auf strenge Bio-Qualität oder auf exklusive Wildsammlung in unberührter Natur geachtet werden. Möglichst schonende Verarbeitungsmethoden tragen dazu bei, den Mythos des gesundheitsfördernden Superfoods zu pflegen, und erhöhen dadurch den Wert.

Gibt es nötige Deklarationen nach EU-Recht?
Bei dem schon erwähnten Bundesamt für Verbraucherschutz und Lebensmittelsicherheit (BVL) firmieren die Begriffe 'Superfood' und 'Novel Food'.
www.bvl.bund.de/

Hilfreich und interessant ist ein Überblick über Verbände für die Zielgruppe der Veganer. Die folgende Seite fasst viele Infos zu veganen Verbänden und Organisationen zusammen.
www.umweltblick.de

Wer nachlesen möchte, was es für Superfoods gibt und welche Eigenschaften diese haben, ist auf der folgenden Seite richtig. Wie der Name bereits sagt, gibt es dort viele Informationen darüber.
www.superfoodwissen.org

Welche Käufer könnte es geben?
Die Liste der möglichen Interessenten ist lang und mit Sicherheit unvollständig. Zu nennen wären jedoch: Vegetarier und Veganer, Rohkostfreunde, Beautysalons, Fitnessstudios, Bioläden, Online-Plattformen für Ernährung, Heilpraktiker, Ernährungsberater, Sportmediziner, Naturkost- und Reformhäuser.

Braucht man eine eigene Webseite oder kann ich ausschließlich über eBay und Amazon vertreiben?
Optimal ist eine eigene Webseite, nicht zuletzt um die Möglichkeit zu haben, über die Wertigkeit und Herkunft seiner Superfoods zu berichten und ihre individuelle Geschichte zu erzählen. Das erhöht die Identifikation des Käufers mit dem Produkt und auch mit dem Verkäufer. Darüber hinaus gehört es heute zum guten Ton, eine Webseite zu besitzen. Wer keine hat, wirkt unseriös.

Die Präsenz auf eBay und Amazon erhöht die Reichweite beträchtlich. Dennoch entfallen dort einige Möglichkeiten, die eine eigene Webseite bietet. So kann man zum Beispiel nur halb-anonym und zeitverzögert mit dem potenziellen Kunden korrespondieren, denn abgesehen von den gesparten Provisionen für Amazon und Co sind eine gut gelaunte E-Mail oder ein spontan gewährter Rabatt die besten Kaufargumente.

Gedichte und Romane schreiben und als Buch veröffentlichen
Erasmo Cachay-Mateos

Erasmo Cachay-Mateos ist ein erfolgreicher peruanischer Buchautor, der in Stuttgart Elektrotechnik studierte. Seine Erfahrungen helfen uns, einen ersten Einblick in den Literaturmarkt zu erhalten.
Die Chancen begrenzen sich jedoch nicht nur auf Peru, sondern können auf alle spanischsprachigen Länder ausgeweitet werden.

Welche Themen sind geeignet?
Romane über Abenteuer, Thriller und Krimis sind gefragt. Die Peruaner mögen auch sehr gern Stories über die Herausforderungen des täglichen Lebens. Sie sind an der Geschichte des Terrors in der eigenen Heimat ebenso interessiert wie an der Historie der Landreformen. Aber es gibt keine "magische Formel". Manchmal werden Bücher, bei denen man denkt „die werden auf keinem Fall ein Beststeller", ein Verkaufserfolg und manchmal ist es umgekehrt.

Lohnen sich die Einnahmen aus dem Buchverkauf im Vergleich zum Aufwand?
Eine Preisfindung für ein Buch ist schwierig. Es muss ein Preis sein, der noch bezahlbar ist. Und nicht nur der Autor sondern auch der Verlag und Buchladen bzw. Internetportale wollen natürlich auch Geld verdienen.
Meist ist die investierte Zeit für einen Autor sehr hoch im Vergleich zum Ertrag. Sofort einen Bestseller zu landen

und reich zu werden ist so gut wie ausgeschlossen. Man sollte es nicht nur wegen des Geldes machen, sondern weil man davon überzeugt ist sowie die Literatur und das Schreiben liebt.

Wer hat überhaupt Talent zum Schreiben?
Wenn die Familie, Freunde und Bekannte sagen, dass man Talent hat, dann sollte man es glauben. Das Urteil kann aber leider auch negativ ausfallen, dann ist vor allem Übung angesagt. Man muss ehrlich mit sich selbst sein und darauf vertrauen, was uns unsere innere Stimme sagt. Wenn die Familie und Freunde unsere Meinung teilen ist es um so besser. Die Verkauszahlen sind kein Indikator. Es gibt viele Schrifsteller ohne Talent, die viel verkaufen und (leider) viele mit Talent, die sehr wenig verkaufen.

Welche Interessenten gibt es dafür?
Zunächst natürlich Verlage. Aber auch unter denen gibt es einige schwarze Schafe, wie ich aus Quellen in Deutschland weiß. Diese nehmen jedes noch so schlechte Skript an und schicken einen Vertrag mit der sogenannten 'Ramschklausel'. Die verpflichtet den Autor dazu, die gesamte Auflage zurückzukaufen, wenn der Verlag sie nicht loswird. Nebenbei verschicken sie über Monate Angebote für absolut überteuerte Autorentrainings. Man sollte bei der Wahl des Verlages also sehr aufmerksam sein. Nach dieser Anekdote zurück zur eigentlichen Frage.

Ein Buch muss ja nicht unbedingt komplett und gedruckt vorliegen. Vorstellbar wäre es auch, einzelne Episoden zu veröffentlichen. Zum Beispiel in Zeitschriften oder

Zeitungskolumnen als eine Art Fortsetzungsroman. In der digitalen Zeit gibt es ja auch noch das E-Book für Kindle und andere Formate.

Welche Alternativen gibt es zum klassischen Verlag?
Ein klassischer Verlag hat die Aufgabe, das Werk eines Autors zu bewerben und zu vermarkten. Dafür verlangt er bei unbekannten Autoren im Durchschnitt 95 % des Ladenpreises. Das ist durchaus 'gerechtfertigt', denn ohne das extrem wichtige Marketing würde wohl kein einziges Buch verkauft werden. Darüber hinaus trägt der Verlag alle Kosten für Layout, Druck, Listung, Administration, Messen und so weiter. Eine Alternative ist in Deutschland BooksOnDemand (BOD). Hier liefert man selbst sämtliche Druckdateien für Buchblock und Titeleinband. BOD listet das Buch bei Tausenden von Buchshops und es wird erst von ihnen produziert, wenn es jemand bestellt. Eine Verkaufsförderung findet überhaupt nicht statt, dafür kann man aber den Ladenpreis selbst bestimmen und bis zu 33 % des Ladenpreises erhalten.

Auch in Peru gibt es Selbstveröffentlichungsverlage wie BOD. Eine weitere Möglichkeit wäre es, einen spanischen Verlag zu suchen, der das Buch dann in Peru anbietet.

Wie kommen die Bücher in die Läden?
Die Bücher werden vom Verlag und/oder vom Autor selbst vertrieben. Das kann über kleinere Buchmärkte geschehen oder über Verlage aus Spanien. Eine bedeutende Rolle für Perus Buchhandlungen spielen auch in Mexico und Argentinien verlegte Bücher.

Welche weiteren Einnahmequellen könnte es geben?
Für Deutschland gibt es die „Verwertungsgesellschaft Wort", eine ähnliche Institution wie die GEMA (Gesellschaft für musikalische Aufführungs- und mechanische Vervielfältigungsrechte.). Sie sammelt jährlich enorme Summen bei den Herstellern von Geräten ein, mit denen Texte kopiert werden können. Für jeden jemals produzierten Computer, Drucker oder Kopierer wurde eine Lizenzgebühr in diesen Fonds eingezahlt, der an die registrierten Autoren ausgeschüttet wird.

Die VG Wort beschränkt sich in ihren jährlichen Ausschüttungen ausschließlich auf deutsche Texte. Allerdings können auch im Internet veröffentlichte Artikel angemeldet werden. Pro Text, der eine Länge von mindestens 1.800 Zeichen besitzt und über 1.500 Mal aufgerufen wurde, werden derzeit 24 Euro ausgezahlt. Eine gut gehende Webseite könnte damit also pro Jahr ein ganzes Monatsgehalt einbringen. Dasselbe Prinzip gibt es auch für Fotos, Grafiken und Zeichnungen. Bei der Verwertungsgesellschaft-Bild muss man jedoch entweder eine einschlägige Ausbildung haben oder nachweisen, dass man (zumindest in Teilen) von seinen Werken lebt. Erst dann kann man dort Mitglied werden. Für deutsche Texte ist es ein verlockendes Taschengeld.

Medien

Filmproduktionen rund um Peru und Deutschland
Jan-Cedric Sawatzky

Jan-Cedric Sawatzky ist Filmproduzent und lebt in Arequipa. Er teilt sein Erfahrungen mit uns.

Welches Equipment braucht man?
Das hängt sehr davon ab, welches Projekt einem vorschwebt und wie hoch das Budget dafür ist. Angefangen beim Smartphone zum Filmen und der Gratis-Version von DaVinci Resolve zur Nachbearbeitung bis hin zur vollständigen Filmausrüstung. Ich selbst besitze eine kleine 4K-Kamera und leichtes Tonequipment sowie einen Schnittplatz mit der Adobe-Suite. Ich arbeite allerdings meistens mit externen Kameraleuten zusammen und buche diese Freiberufler zusammen mit ihrem Equipment wie z. B. Drohne, Licht, bessere Kamera etc. gleich für ein oder mehrere Projekte. So muss ich mir kein teures Equipment anschaffen, welches dann bis zum nächsten Dreh nutzlos im Schrank liegt.
Zumal ich als Produzent nicht jeden Tag drehe, sondern die meiste Zeit eher vor dem PC sitze. Bei kleineren Projekten drehe ich selbst, wofür dann auch meine Ausrüstung ausreicht. Wer darüber nachdenkt, sich eine eigene Ausrüstung zuzulegen, dem rate ich, sich lieber in Deutschland danach umzusehen – oder noch besser in den USA. Die Preise für Foto- und Filmgerät sind in Peru wesentlich höher. Es gibt aber auch viele Rentals, wo man sich Equipment leihen kann. Die Preise sind akzeptabel und man bekommt wirklich so gut wie alles. Leider trifft das fast nur auf Lima zu. Selbst in Arequipa ist es fast unmöglich, sich mit den wichtigsten Geräten einzudecken. Ich habe z. B. mal versucht, ein Ansteckmikro-

fon zu bekommen, aber niemanden gefunden, der so etwas verleiht. Daher könnte ich mir vorstellen, dass ein Verleihgeschäft auch eine lohnende Geschäftsidee für Arequipa sein könnte. Denn die Stadt gilt als das Tor zu den Anden.

Wie mobil muss man sein?
Auch das hängt sehr von dem Budget ab und davon, wer die Kunden sind. Ich arbeite hauptsächlich für das deutsche Fernsehen. Da reicht das Budget, um die Reisen zu bezahlen. Ich biete auch Berichte aus ganz Südamerika an. Auf diese Weise finde ich leicht interessante Geschichten, da ich nicht auf eine Region begrenzt bin. Allerdings sind solche Touren für kleine Firmen wie meine eher selten. Das liegt daran, dass ich die Kosten für Flüge, Hotel, Equipment, Personal etc. vorstrecken muss und das Geld erst zurückbekomme, wenn der Kunde den fertigen Film bezahlt.
Wer also kein großes Bankkonto besitzt, ist da eher limitiert. Damit sich ein Dreh im Ausland finanziell lohnt, sollte man auf jeden Fall mehr als eine Geschichte in der Region verkauft haben und nicht nur für eine Fünf-Minuten-Reportage nach Rio fliegen.
Generell ist es schwierig nur regionale Geschichten anzubieten. Das liegt einfach daran, dass viele Berichte, die in Peru Interesse wecken, keine große Relevanz für Deutschland haben.

Wie zeitlich flexibel muss man sein?
Wenn man aktuelle Geschehnisse verfilmt, dann ist Geschwindigkeit alles. Die Nächte und Wochenenden durchzuarbeiten ist da völlig normal. Ich selbst arbeite allerdings fast nie an zeitsensiblen Themen, zum letzten

Mal vor der Olympiade in Rio. Da ging es darum, ob die vielen Baustellen, die noch Tage vor dem Start aktiv waren, auch rechtzeitig fertig werden würden. Da haben wir eine Zehn-Minuten-Reportage vom Dreh bis zur Sendung in 4 Tagen fertiggestellt.

Ansonsten ist man als Produzent bei jedem Dreh der Herr der Zeit. Es liegt in der eigenen Verantwortung, dass am Ende des Tages alles abgedreht ist, was zuvor geplant war. Oder dass etwa Interviewtermine eingehalten werden.

Welche Abnehmer gibt es dafür?

Ich selbst arbeite, wie bereits erwähnt, hauptsächlich für das deutsche Fernsehen. Wobei ich hier Reportagen und Dokumentationen erstelle. Potenzielle Abnehmer sind fast alle deutschen Sender, je nachdem, wovon der Beitrag handelt. Um zu wissen, welches Format passen könnte, ist es wichtig zu wissen, wie lang die Geschichte als Film trägt und welche Art von Inhalt und Erzählweise angestrebt wird (also z. B. politisch, sozial etc.). Ob eher schnell und bunt oder tragend und tiefgehend vorgegangen werden soll. Gerade für Auslandsreportagen sind potenzielle Kunden: ProSieben Galileo, Kabel 1 Abenteuer Leben, die ARD und ZDF mit den unterschiedlichsten Formaten, ARTE usw.

Nachrichtensender haben oft ihre eignen Korrespondenten in Rio oder Buenos Aires sitzen, die dann aktuelle Geschehnisse für z. B. die Tagesschau abarbeiten. Wobei auch hier eine Möglichkeit besteht, falls man zufällig gerade vor Ort ist. Wenn hier in Arequipa der Vulkan Misti ausbricht, dann bin ich sehr sicher, dass ich mein Filmmaterial auch an Nachrichtensender verkaufen könnte.

Youtube ist auch eine Möglichkeit. Es gibt in Peru einige Youtuber, die gut damit verdienen. Das Geschäft mit Hochzeitsfilmen ist in Peru sehr groß. Wobei die Einkünfte und auch die Qualität der Filme meistens nicht mit Deutschland vergleichbar sind.

Peru hat aber auch eigene Filmfeste und verschiedene Ministerien, wie z. B. das Kultur- oder Tourismusministerium, das jedes Jahr Filmfördermittel für Dokumentationen oder fiktionale Filme bereitstellt, allerdings hauptsächlich für Peruaner. Als Ausländer kann man sich daher nur um diese Fördermittel bewerben, wenn man mit Peruanern im Team arbeitet.

Die meisten peruanischen Produktionsfirmen, die ich kenne, machen hauptsächlich Imagefilme, Werbung, Musikvideos und Hochzeitvideos. Gerade Imagefilme im Agrarsektor sind ziemlich gefragt. Das sind meist Filme für neue Kooperativen, welche von NGOs (Non-governmental organization, Nichtregierungsorganisation) gegründet oder unterstützt werden.

Braucht man Sprecher oder Dolmetscher?
Wer Spanisch spricht, braucht keinen Übersetzer. Wer kein Spanisch spricht, schon, denn mit Englisch kommt man hier gar nicht aus. Selbst in freiberuflichen Kamerateams sprechen die wenigsten Englisch.

Ob man einen Sprecher braucht, hängt wieder stark vom Projekt bzw. vom Kunden ab. Bei meinen Reportagen für das deutsche TV brauche ich keinen, da die Sender selbst professionelle Sprecher haben. Da schicke ich einfach den übersetzten Text hin. Sie sprechen den Text mit der deutschen Sprecherstimme über den Originalton.

Medien

Könnte man das mit dem Verkauf von Exklusivfotos verbinden? Also über ein Bildarchiv oder Bildagentur?
Das ist sicher eine gute Idee und ist bestimmt eine Überlegung wert.

Was sind für dich die 3 größten Herausforderungen?
Das erste, an das ich mich hier gewöhnen musste, ist das peruanische Zeitverständnis. Wenn man sich für eine Uhrzeit verabredet, kommt der Peruaner grundsätzlich zu spät. Das kann den knapp kalkulierten Drehzeitraum oft stark gefährden. Daher kommuniziere ich immer eine frühere Uhrzeit für den Termin, da ich die Verspätung schon einkalkuliere.

Das nächste Problem ist, dass es hier sehr schwer ist, Leute zu finden, auf deren Wort man sich verlassen kann. Die Peruaner neigen dazu, bei Anfragen sofort zuzusagen, da sie nicht gerne Nein sagen. Wenn sie dann aber das Versprochene nicht einhalten können, stellen sie sich einfach tot. Sie gehen weder ans Telefon noch melden sie sich und warten stattdessen ab, bis sich die Situation von selbst löst oder einfach Gras über die Sache gewachsen ist.
Ein paar Beispiele: Ich wollte mit einem ziemlich bekannten Koch drehen und hatte die Einzelheiten mit ihm bereits drei Monate vorher abgesprochen. In der Zeit vor dem Dreh hatten wir immer wieder Kontakt gehabt und darüber gesprochen, was wir genau drehen würden. Dann rief mich der Koch in der Nacht vor dem Dreh an und sagte, dass er all das, was wir besprochen hatten, gar nicht könne und auch keine Zeit habe. Er legte auf und ich erreichte ihn nicht mehr. Das brachte mich natürlich in Schwierigkeiten, weil ich mein Kamerateam

schon gebucht hatte und der Kunde auf den Film wartete. Ein anderes Beispiel: Ich wollte einen Film über den Hersteller eines besonderen Speiseöls machen. Ich besuchte dafür den Firmenboss des größten und führenden Herstellers. Ich saß bei ihm auf der Couch in seiner Villa in einem der besten Viertel Limas. Wir besprachen, wann wir drehen wollten und wovon der Film handeln sollte. Das Ganze sollte in der Fabrik in Tarapoto stattfinden. Er gab mir die Hand und versprach mir, dass alles klappen werde. Wochen später flogen wir nach Tarapoto und besuchten die Fabrik. Wir wunderten uns, warum es so ruhig war. Dann stellte sich heraus, dass sich die komplette Belegschaft für 2 Wochen im Urlaub befand.

Es gibt in dieser Fima zweimal im Jahr jeweils zwei Wochen Betriebsurlaub. Der Zeitpunkt stand natürlich schon seit Monaten fest, allerdings schien der Boss das wohl vergessen zu haben. Wir mussten dann zwei Wochen später wiederkommen, was natürlich viel Geld vernichtete.

In Peru kann wirklich alles passieren: Ich hatte einen Dreh mit dem peruanischen Militär vereinbart, um den Kampf gegen Kokain im Amazonasgebiet zu filmen. Das Organisieren von Drehs mit Behörden in Peru ist totaler Wahnsinn und tausendmal schwieriger als in Deutschland. Wir waren deshalb umso glücklicher darüber, dass es geklappt hatte. Als wir am Militärflughafen auf unseren Helikopter warteten, gab es dann allerdings ein Problem.

Wirklich gerade mal einen Tag vor dem Dreh war der peruanische Präsident wegen eines Korruptionsskandals zurückgetreten. Daraufhin hatten viele Minister und Militärs ihre Jobs verloren, da der neue Präsident sie austauschen wollte. Unter anderem auch diejenigen, die uns die Drehgenehmigung erteilt hatten. Unvermittelt informierte uns ein General im Wartezimmer des Militärflughafens darüber, dass unsere Drehgenehmigung nun erloschen sei. Wir mussten drei Monate warten, ehe sich das Chaos in der Regierung wieder geordnet hatte und wir unseren Dreh beenden konnten. Auch hier habe ich Geld verloren.

Was waren deine schönsten Erlebnisse?
Als Journalist erlebe ich eine Menge unterschiedlicher Dinge und tauche immer wieder in eine neue Welt ein. Sehe Dinge, die ich in anderen Berufen nie sehen würde. Erlebe Situationen live, die andere Menschen nur aus dem Fernsehen kennen. Ich treffe viele außergewöhnliche Menschen, die ich sonst nie treffen würde, und am Ende darf ich ihre Geschichten erzählen. Ich liebe das und es ist der Grund, warum ich, trotz mancher Rückschläge, morgens aufstehe und mich auf die Suche nach einer neuen Geschichte mache.

Welche drei Tipps kannst du anderen geben?
Peru ist nicht Deutschland. Öffnen Sie Ihren Horizont und erwarten Sie nichts, was Sie in Europa für normal halten. Vieles, das in Deutschland leicht ist, ist in Peru schwierig. Dahingegen gibt es auch viele Herausforderungen, die in Peru kein Problem darstellen, die zu meistern in Deutschland aber fast unmöglich wäre.
Bauen Sie sich so schnell es geht ein Netzwerk auf und halten Sie regelmäßig Kontakt. Ein gutes, verlässliches Team ist Gold wert. Bevor Sie sich in Ihr Flugzeug oder Auto setzen, um zum Dreh zu reisen, rufen Sie lieber noch ein zehntes Mal Ihren Protagonisten an, um sicherzugehen, dass auch wirklich alles in Ordnung ist.

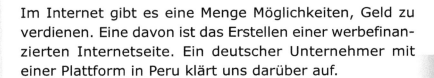

Im Internet gibt es eine Menge Möglichkeiten, Geld zu verdienen. Eine davon ist das Erstellen einer werbefinanzierten Internetseite. Ein deutscher Unternehmer mit einer Plattform in Peru klärt uns darüber auf.

Wie kommt man an relevante Infos und durch wen?
Es gibt viele Portale für einen speziellen Nutzerkreis, zum Beispiel eine Jobbörse, eine Immobilienbörse oder anders orientierte Plattformen. Gleiches gilt für Nachrichtenportale zu Peru. Das Konzept eines Multilevelportals einer Region ist dagegen etwas anders. Es gibt ein Metaportal und hier tritt jeder ein. Dort sucht sich der Nutzer seine Themen. Im Umkehrschluss finden sich viele Anbieter der Region, die Informationen einstellen, um besser wahrgenommen zu werden. Beide Dienste können gebührenpflichtig sein, müssen aber nicht. Es ist durchaus möglich, ein solches Portal allein durch externe Werbeanzeigen zu finanzieren.

Wen kann man diesbezüglich aktivieren?
Zielgruppe sind zu 80 % kleine und mittlere Firmen. Es gibt sehr viele davon und sie nutzen ebenfalls solche Plattformen, um Kunden zu gewinnen sowie bequem die Angebote der Plattform zu nutzen. Diese Firmen haben selbst keinen Multimedia-Manager, auch keine Marketingabteilung und oft auch keine eigene Internetseite. Die Aktivierung einer breiteren Käuferschaft ist für sie also ein großes Thema. Es gibt auch Modelle, die einen eigenen Vertrieb auf Provisionsbasis anbieten. Der Vorteil ist, dass nur dann Kosten anfallen, wenn auch ein

81

Produkt verkauft wurde. Der Nachteil ist, dass die Loyalität bei der Provisionsauszahlung gering ist und eigentlich automatische Abrechnungssysteme nötig wären, um Kunden für Bannerwerbung oder Ähnliches zu gewinnen, alternativ könnte auch ein Callcenter beauftragt werden.

Kann ich schneller sein als andere Portale?
Ein wichtigeres Kriterium als die Geschwindigkeit sind bei Plattformen die Reichweite und die Kosten. Eine kleine und mittlere Firma kann sich keine TV-Spots leisten. Eine Werbeanzeige oder ein Video hochzuladen ist dagegen fast jedem möglich. Geht es bei dem Portal nicht um private Kleinanzeigen, sondern um Nachrichten aus der Region, ist es natürlich gut, so schnell wie möglich die Berichte zu veröffentlichen. Und natürlich so viele und so aktuelle wie möglich.

Aus welchen Quellen könnten Einnahmen kommen?
Bei einer Variante zahlt der Werbekunde ein monatliches Grundentgelt, das weniger kostet als ein Mittagsmenü. Möchte er Upsells und damit zusätzliche Leistungen, bucht er diese separat hinzu.
Möglich ist es auch, eigene Reportagen über Firmen zu erstellen und Affiliate-Links im Text zu hinterlegen. Erfolgt ein Kauf über diesen Link, wird eine Provision generiert.
Gleiches ist mit einzelnen Produkten der Firmen möglich. Eine weitere Verdienstmöglichkeit besteht darin, sich monatlich nur für einen aktiven Link bezahlen zu lassen. Ebenso kann man die Einblendung von Werbebannern oder Anzeigen der Firmen separat abrechnen.

Schließlich gibt es noch die Option, externe Werbeanbieter zu nutzen, die automatische Werbung für ihre eigenen Kunden schalten. Anbieter für Europa wären unter anderem Google-AdSense oder AdScale. Hierbei muss man sich nur darum kümmern, die Positionen und Formate der Werbungen einmal einzuprogrammieren. Die Inhalte wechseln dann automatisch, je nach Thema der untergeordneten Sub-Seiten.

Laut den Direktiven von Google-AdSense ist es dann aber nicht mehr gestattet, auf eigene Rechnung Links zu verkaufen. Doch wenn ausschließlich dieses Anzeigensystem gewählt wird, zahlt keiner der Besucher auch nur einen Cent und es werden trotzdem Gewinne erzielt.

Gibt es weitere Möglichkeiten?
Vorstellbar wäre es, ein zweites Portal zu eröffnen. Also das Gleiche für deutsche Firmen, die in Peru bekannter werden möchten. Außerdem könnte man den Kunden beider Sprachrichtungen auch die Erstellung von Bannern anbieten oder das Verfassen und Übersetzen ihres gewünschten Werbetextes.

Das Modell des Portals ist skalierbar, die Anwendung bleibt immer gleich. Sprachrichtung und die rechtlichen Besonderheiten anzupassen ist unproblematisch.

Wie hoch ist der Erstellungsaufwand?
Der ist nicht unerheblich, bevor ein solches Portal für Werbende interessant wird. Automatischen Anzeigen ist die Besucherzahl völlig egal, denn es wird 'per Click' oder 'per View' abgerechnet. Um aber eigene Kunden zu gewinnen, sollte die Webseite bereits wichtig wirken. Die Menge des Inhalts ist also für eine Werbebuchung ziemlich relevant.

Medien

Die Programmierung ist auch nicht ganz ohne, denn um professionell aufzutreten, sind Funktionen wie RSS-Feeds, Newsletter, Social-Media-Buttons etc. sinnvolle Mittel. Durch Content-Management-Systeme (CMS) ist es aber trotzdem möglich, die Aufgabe zu bewältigen. Dadurch braucht man überhaupt keine Kenntnisse des Quellcodes, sondern gibt nur seine Inhalte ein. Das kann von jedem Land der Welt aus geschehen.

Reicht der eigene technische Kenntnisstand dafür?
Eine solche Basis-Webseite kann man sich auch erstellen lassen. Anbieter gibt es zuhauf, auch in Indien, Peru und anderen Nationen. Das ist natürlich ein einmaliger Kostenfaktor, doch diese Kosten werden sich durch kontinuierliche Einnahmen wieder amortisieren. Wie schnell das vonstattengeht, entscheidet der Enthusiasmus. Abgesehen von der später recht einfachen Steuerung durch CMS gibt es noch genug an administrativen Dingen zu tun. So muss man sich natürlich entweder um Direktkunden kümmern oder sich bei Adsense oder anderen Affiliate-Systemen anmelden. Texte müssen nicht nur für alte und neue Kunden geschrieben werden, sondern auch für die Webseite selbst. Viele Mails müssen beantwortet, Abrechnungen erstellt werden.

Das Drumherum nimmt also, zumindest zu Beginn, einiges an Zeit in Anspruch. Der Aufwand darf jedoch als voll gerechtfertigt betrachtet werden, weil er nach der anfänglichen Anstrengung lebenslange Einkünfte verspricht.

Übersetzung und Sprachkurse Deutsch/Spanisch
Chiara Baron und Edeltraud Achten

Chiara Baron ist zertifizierte Übersetzerin mit deutsch-peruanischen Wurzeln und Edeltraud Achten betreibt die Sprachschule Centro Cultural Anglo Aleman E.I.R.L. in Huánuco. Ihr Know-How hilft uns dabei, den Markt für Sprachschulen und Übersetzungen einzuschätzen.

Chiara Baron
Welche Chancen bieten Übersetzungen allgemein?
Obwohl Deutsch weltweit wahrscheinlich nicht so häufig gebraucht wird wie zum Beispiel Englisch, bedeutet das nicht, dass es keine Nachfrage gibt. Da auch nur wenige peruanische Übersetzer Deutsch perfekt beherrschen, ist die Konkurrenz nicht groß. Muttersprachler sind dort selten, sodass sie speziell auch für deutsche Firmen in Peru interessant sind. Akzentfreiheit ist auch noch eine Sache, die beim Lehren an Schulen sehr wichtig ist. Anders in Deutschland. Hier gibt es deutlich mehr Spanisch-Übersetzer. Allerdings könnte man sich in seiner Beschreibung auf das peruanische Spanisch spezialisieren, das einige Eigenheiten besitzt. Ich würde mich nicht zwingend auf ein einziges Land beschränken, denn Südamerika ist groß und die Kunden müssen nicht nur aus Peru kommen. Das ist das Schöne am Übersetzen: Man ist dabei ungebunden.

Wie kommt man an Interessenten?
Meistens durch Kaltakquise. Bei passenden Firmen oder Institutionen genügt es oft, einfach die Visitenkarte vor-

Dienstleistungen

beizubringen. Mögliche Kunden können u.a. Reisebüros, Privatschulen oder Unternehmen sein. Daneben kann man auf Online-Portalen recherchieren, sich in entsprechende Mailinglisten eintragen oder Bekannte aktivieren.

Welche Übersetzungsqualität muss man liefern?
Das ist natürlich abhängig von der Zielgruppe und dem Zweck der Übersetzung. Handelt es sich nur um das grobe Verständnis, reicht die semantische Übersetzung, ohne dass zwingend auf Orthographie geachtet werden muss. Generell gilt jedoch: Möglichst korrekt und perfekt in jedem Bereich..

Brauche ich ein Zertifikat oder eine Ausbildung dazu?
Der Beruf des Übersetzers ist (leider) nicht geschützt. Demnach kann sich jeder als solcher bezeichnen. Bei vielen Firmen ist jedoch ein Nachweis über die Qualifikation notwendig. Um medizinische Beipackzettel zu übersetzen, braucht man zum Beispiel eine spezielle Ausbildung. Und das Übersetzen bei Gericht geht in Deutschland nur mit einer Vereidigung und einer speziellen Zulassung.

Könnte man das auch auf andere Sprachen ausweiten? Beispielsweise Quechua oder Aimara?
Tja, das ginge schon, nur hat das nichts mit Spanisch zu tun. Es sind eigene Idiome, die separat erlernt werden müssen. Dennoch eine sehr verlockende Idee! Spanisch-Deutsch-Übersetzern empfehle ich aber, sich lieber in der eigenen Sprache zu spezialisieren. Etwa auf gewisse Fachgebiete wie Jura, Medizin, Pharmazie, Technik oder Wirtschaft.

Welche Konkurrenz werden Übersetzungsprogramme in der Zukunft haben?
Schwierig das knapp zu beantworten, da dahinter im Moment eine riesen Forschung steckt. Kurz: Maschinelle Übersetzungen können in Zukunft bei einem schnelleren Übersetzungsvorgang unterstützen, ihn jedoch nicht ersetzen. Und zwar weil diese Programme bislang noch über keinen Post-Editor verfügen, und sich das bis in absehbare Zeit auch nicht ändern wird. Was eine Maschine jedoch niemals schaffen wird ist zu lachen oder witzig zu sein.

Edeltraud Achten
Was können Sprachkurse in Peru leisten?
Ich biete in Huánuco, einer Stadt in den zentralen Anden Perus, einen deutschen Sprachkurs in einer privaten und englischen Sprachschule an. Der Zulauf ist beachtlich.

Wie kommt man an Interessenten?
Meine Interessenten leben in Peru, da ich Peruanern die deutsche Sprache und Kultur näherbringen möchte. So kann ich ihnen auch dabei helfen, sich für Deutschland und somit für bessere Zukunftsaussichten zu öffnen. Deutschland bietet exzellente Möglichkeiten, was Studium und Arbeitssuche angeht. Mein Anspruch ist also nicht nur ein wirtschaftlicher, sondern auch ein sozialer. Hier in Peru bewerbe ich meinen Deutschkurs an den Universitäten und Schulen, an den Colegios de Profesionales, im Internet, in staatlichen Einrichtungen, im Tourismusbüro, im lokalen Fernsehen usw. Mein Zielpublikum sind Schüler, Studenten, Hotels, Tourismusagenturen und Personen mit abgeschlossenem Studium oder Berufsausbildung.

Welche Erreichbarkeit muss man haben?
Für eine Sprachschule muss die Erreichbarkeit sehr gut sein. Die Lage sollte möglichst zentral sein, aber man muss auch am Telefon oder über das Internet schnell und kompetent antworten können. Das halte ich für sehr wichtig.

Braucht man dafür ein Zertifikat oder eine Ausbildung?
Um eine Sprachschule aufzubauen muss man vor allem die peruanischen Gesetze in Bezug auf die Gründung eines eigenen Unternehmens kennen. Ein Studium oder eine Ausbildung im pädagogischen Bereich wäre für die Durchführung der Kurse sehr hilfreich.
Erfahrung im Unterrichten von Sprachen ist ebenfalls von Vorteil und für die Akzeptanz als Sprachlehrer ist es von großem Nutzen, wenn man international anerkannte Sprachzertifikate vorweisen kann oder Muttersprachler ist.

Könnte man das auch auf andere Sprachen erweitern? Beispielsweise Quechua oder Aimara?
In Bezug auf Quechua und andere indigene Sprachen besteht derzeit ein sehr großes Interesse. Diese eigenständigen Sprachen kann natürlich nur ein gut ausgebildeter Peruaner oder Muttersprachler perfekt unterrichten. Zu erwähnen ist noch, dass Englisch natürlich immer auch Interessenten hat.

Wie hoch sind die Anfangsinvestitionen?
Man muss zum Beginn nicht viel investieren. Der Beginn in der eigenen Wohnung ist möglich.

Welche Zielgruppen gäbe es dafür?
Für Quechua und weitere indigene Sprachen: Peruaner, die in Krankenhäusern, Schulen, in den Bereichen Tourismus oder Archäologie usw. arbeiten. Nicht zu vergessen, all die sprachbegeisterten Menschen aus dem Ausland. Für die deutsche Sprache sind zu nennen: Schüler, Studenten, Fremdenführer und Leute, die in der Zukunft eventuell gern in Deutschland studieren oder arbeiten möchten. Außerdem Menschen, die hier in Peru vom Tourismus leben.

Was waren die drei größten Herausforderungen?
- Sunarp, Sunat, Licencia de Funcionamiento.
  Bis man sein Unternehmen gegründet hat und alles gemäß den peruanischen Gesetzen und Regelungen geordnet ist.
- Den allerersten Kurs zu beginnen
- Die peruanische Mentalität in Bezug auf Verpflichtungen und Verantwortung.

Dienstleistungen

Rechtsberatung nach peruanischem Recht

Welche Ausbildung braucht es dafür in Deutschland?
Wenn jemand aus Peru sich in Deutschland als Anwalt für peruanisches Recht betätigen will, muss er Rechtswissenschaft an einer peruanischen Universität studiert haben. Es ist notwendig, einen Bachelor in Rechtswissenschaft, einen Titel als Anwalt oder Anwältin zu haben und zusätzlich aktives Mitglied einer Rechtsanwaltskammer in Peru zu sein. So muss man das Studium abgeschlossen und andere Voraussetzungen in Peru erfüllt haben, um als Anwalt für peruanisches Recht hier in Deutschland arbeiten zu dürfen.

Anders sieht es beim deutschen Recht aus. Dazu muss man Rechtswissenschaft in Deutschland studieren, das erste und zweite Staatsexamen bestehen und andere Voraussetzungen erfüllen.

Welche Ausbildung ist für Peru nötig?
In Peru muss man an einer Universität Rechtswissenschaft studieren, einen Bachelor sowie den entsprechenden Titel haben und am Ende aktives Mitglied der Anwaltskammer in Peru sein. Nur damit kann man die Profession in Peru und auch wegen der internationalen Handelskammer in anderen Ländern ausüben.

Welche Zulassungen braucht man zusätzlich?
Mit den ganzen Dokumenten, die genannt wurden, kann man bei einer Anwaltskammer in Deutschland eine Zulassung als Mitglied beantragen. Mit der Antragsannahme kann man dann Rechtsberatung für das peruanische Recht in Deutschland ausüben. Der Anwalt

als Mitglied einer bestimmten Rechtsanwaltskammer oder des 'Colegio de Abogados' in Peru muss auch bei der Rechtsanwaltskammer in Deutschland eine 'Constancia de Habilidad' vorlegen. Es ist selbstverständlich, dass die ganzen Dokumente durch einen vereidigten Übersetzer vom Spanischen ins Deutsche übersetzt werden müssen.

Wo kann man sie beantragen und was kostet das?
Beantragt werden die Dokumente bei einer Anwaltskammer hier in Deutschland. Es gibt für jedes Bundesland eine eigene. Jede Rechtsanwaltskammer in Deutschland verfügt über eine separate Internetseite. Dort findet man alle Informationen zu den Themen Dokumente, Kosten, Studiendauer etc. Bei weiteren Fragen kann man einfach anrufen.

Was passiert bei falscher Beratung?
Es ist notwendig, eine Berufshaftpflichtversicherung mit einem bestimmten Deckungsbetrag abzuschließen. Dies ist eine zwingende Voraussetzung für die Zulassung.

Welche Spezialsierungen kommen infrage?
Man kann eine Anwaltskanzlei ausschließlich für peruanisches Recht gründen und Firmen in den Bereichen Handelsrecht, Zivilrecht, Steuerrecht, Gesellschaftsrecht etc. beraten. Dies ist besonders wichtig für Unternehmen, die in Peru gegründet werden sollen, oder für solche, die einen ständigen Sitz dort einrichten möchten.

Kann man auch Privatpersonen vertreten?
Das ist möglich. Die Klientel findet sich hauptsächlich bei peruanischen Institutionen wie Konsulaten oder Bot-

schaften. Es gibt jedoch auch viel Bedarf bei Angelegen-
heiten im Völkerrecht

Was waren die 3 größten Herausforderungen?
- Deutsch genauso gut zu beherrschen wie meine
  Muttersprache.
- Eine Anwaltskanzlei für peruanisches Recht in
  Deutschland zu finden.
- Das Heimweh nach Peru zu überwinden.

Hinweis
Der Begriff Rechtsanwalt ist in Deutschland geschützt
und es darf sich nur jemand so nennen, der erfolgreich
deutsches Recht studiert hat. Ausländische Juristen dürfen sich als Anwalt oder Anwältin für Ihr landesspezifi-
sches Recht bezeichnen. Auf Spanisch bedeutet das:
Abogado bzw. Abogada.

Psychotherapie und Coaching sind Leistungen, die in Peru immer mehr Ansehen erlangen. Hier tut sich ein Geschäftsfeld auf, das den Bedürfnissen der modernen Arbeitswelt folgt.

Welche Qualifikation braucht man als Psychotherapeut?
Um den Beruf des Psychotherapeuten ausüben zu dürfen, ist in Deutschland eine spezielle Ausbildung erforderlich. Sie entspricht der gesetzlich vorgeschriebenen Ausbildungs- und Prüfungsverordnung für Psychotherapeuten. Sie endet mit einer Abschlussprüfung durch die staatliche Aufsichtsbehörde, der Approbation und der Zulassung zur kassenärztlichen Vereinigung.
Für diese Ausbildung gibt es eine dreijährige Vollzeitform oder die fünfjährige Teilzeitform. Die Gesamtkosten liegen zwischen 9.000 und 20.000 Euro.
Daneben gibt es jedoch noch die weitaus günstigere Ausbildung zum 'Heilpraktiker für Psychotherapie'. Hierfür fällt lediglich eine Prüfungsgebühr von wenigen Hundert Euro an. Dennoch sollte man insgesamt mit etwa 2.000 EUR rechnen, da die Absolventen einhellig berichten, dass ein Bestehen nicht ohne Vorbereitungskurse machbar sei.

Welche Ausbildung ist für das Coaching nötig?
Coach ist keine geschützte Berufsbezeichnung. Wörtlich übersetzt heißt es einfach 'Trainer'. Es gibt über 20 Coachingverbände in Deutschland und mehr als 300 Ausbildungsanbieter. Staatliche Qualitätskontrollen gibt es weder für die Ausbildung noch für die spätere Ausübung. Die Kosten dafür belaufen sich auf 4.000 bis 20.000

Euro, die Ausbildungszeit liegt bei ein bis drei Jahren.

Wo findet man Kunden?
Peruaner sind sehr aufgeschlossen für neue Strömungen aus dem Ausland. Dazu zählen neben Privatpersonen auch dort ansässige mittelständische und globale Unternehmen. Hilfe in Anspruch zu nehmen, um persönliche Blockaden aufzulösen oder wirtschaftliche Ziele effektiver zu erreichen, sind durchaus geldwerte Leistungen. Hier ist Coaching das angemessene Mittel.

Was die klassische Psychotherapie oder eine Mischform in Verbindung mit Coaching betrifft, gibt es weitere Zielgruppen. Das könnten Eltern mit problematischen Kindern, Bildungseinrichtungen oder soziale Projekte mit pädagogischem Hintergrund sein. Es ist auch eine Spezialisierung möglich, beispielsweise auf Traumatherapie, Depression, Burnout oder Paartherapie.

Gibt es Ausbaumöglichkeiten?
Als Nebentätigkeit käme eine Personalberatung für internationale Unternehmen infrage. Ebenso das Abhalten von Workshops, Seminaren und Retreatment-Kursen für Belegschaft und Führungsebene. Auch an Schulen und Universitäten sind solche Lehrtätigkeiten gefragt.

Daraus könnten sich aber auch eigenständige Produkte oder neue Dienstleistungen entwickeln. Moderne Technik eröffnet die Möglichkeit, auch via Internet zu agieren und eine Online-Beratung über Bildtelefon oder Skype anzubieten. Webinare und Schulungsvideos zählen bereits als separate Produkten, zu denen auch verkaufbare Factsheets oder Bücher gehören können.

Ingenieurleistungen

Ingenieure und Fachkräfte anderer Berufsgruppen sind in Peru sehr willkommen. Es werden unter anderem Maschinenbauer, Erdölspezialisten und Ingenieure für Elektrotechnik und Bergbau gesucht. Daneben gibt es einen Mangel an Betriebswirtschaflern und Informatikern.

Welche Leistungen sind in Peru gefragt?
Hauptsächlich steht die Planung von Pojekten, Anlagen oder Aktivitäten im Mittelpunkt. Kostenberechnung und Materialkalkulation ist aber nicht minder wichtig. Sehr erwünscht, aber nicht Voraussetzung sind dabei auch Kontakte zu ausländischen Institutionen, Wissensträgern oder Herstellern.

Die Perspektiven, die sich durch einen mehrsprachigen Mitarbeiter eröffnen, werden manchmal mehr geschätzt als praktische Kenntnisse. Das heißt nicht, dass man diese nicht ebenfalls besitzen sollte. Die Fähigkeit, Deutsches Know-How zu organisieren und zu koordinieren, steht für Arbeitgeber in Peru hoch im Kurs.

Welche Firmen oder Institutionen kämen infrage?
Auf deutscher Seite ist an erster Stelle die GIZ (ehemals GTZ, heute 'Gesellschaft für Internationale Zusammenarbeit') zu nennen. Neben zahlreichen Bergbau-Unternehmen und Anlagenbauern gibt es jedoch eine große Menge von deutschen Firmen, die in Peru arbeiten, und von peruanischen Firmen, die in Deutschland tätig sind.

Dienstleistungen

Lieber als Angestellter oder freier Mitarbeiter?
Die peruanischen Firmen sind für alles offen, deutsche Unternehmen sind da etwas konservativer. Dennoch sollte man sich überlegen, welche Vor- und Nachteile es jeweils gibt.

Als Festangestellter hat man jeden Monat sein Geld auf dem Konto und muss sich um nichts weiter kümmern. Man geht unbelastet zur Arbeit und unterwirft sich dabei den Hierarchien und den Arbeitszeiten. Eine durchaus komfortable Situation, doch das Geld verdient eigentlich nur der Arbeitgeber.

Bei einem Beratervertrag hat man ein Höchstmaß an Freiheiten, trägt aber auch Verantwortung. Man muss alles Administrative selbst organisieren und auch bezahlen. Darunter die Versicherungen, Fortbildungen, Telekommunikationsgeräte, eigenes Equipment wie Programme, Laborausstattung oder Testgeräte und nicht zuletzt projektbezogene Reisen.

Beides ist gegeneinander abzuwägen, wenn es darum geht, zwischen Sicherheit und Unabängigkeit zu wählen.

Wo kann man sich über öffentliche Gelder informieren?
Für neue Projekte könnte man bei 'Ministerio de la Producción' anfragen. Oder im Internet 'Innóvate Peru' aufsuchen. Aber auch die AHK, die Deutsch-Peruanische Industrie- und Handelskammer wird gerne Auskunft geben.

Dienstleistungen

Was kostet ein Aufenthalt in Peru?
Von Deutschland aus werden Flüge ab 800 Euro angeboten. Man sollte aber darauf vorbereitet sein, dass ab Inkrafttreten des Schengenabkommens mit Peru ein Hin- und Rückflugschein verlangt werden könnte, um ins Flugzeug einsteigen zu dürfen. Eine Woche Aufenthalt der gehobenen Klasse kommt auf etwa Euro 1.000,00 an Gesamtkosten.

Dabei wurden 80,00 Euro pro Übernachtung angesetzt, für das Mittag- und Abendessen etwa 50,00 Euro pro Tag, Taxifahrten mit 25,00 Euro täglich berücksichtigt. Natürlich kann man auch mit deutlich weniger Geld auskommen.

Dienstleistungen

Wolfgang Fach ist freiberuflicher IT-Projektmanager und Unternehmensberater. Er hat einen kaufmännischen Beruf gelernt sowie ein betriebswirtschaftliches und Wirtschafts-Informatik Studium absolviert. Danach arbeitete er 10 Jahre für die größte amerikanische Datenbank- und Software Firma. Seine Erfahrungen können hilfreich sein, um den Bedarf der einzelnen IT-Sektoren einzuschätzen.

Welche Bereiche gibt es überhaupt?
Die Informationstechnik (oder IT) stellt die Technologie für die Datenverarbeitung dar. Sie umfasst Hardware, Software sowie auch IT-Services (Dienstleistungen rund um die IT). Hardware sind Server und PC's (Personal Computer), aber auch mobile Endgeräte, Drucker und Netzwerkbestandteile. Software umfasst neben den Betriebssystemen alle Anwendungsprogramme sowie die mobilen Apps für Tablets und mobile Endgeräte (Smartphones). IT-Services sind Dienstleistungen wie Installation, Beratung, Wartung, Test und Entwicklung gezählt und Dienste, die man über Cloud Computing beziehen kann. Beispiele sind:

- Hardware-Entwicklung und Customizing. Im Geiste dieses Buches aber auch die Reparatur und Kaufberatung, etwa bei der Zusammenstellung der Komponenten für Firmen oder Privatleute

- Software-Entwicklung. Das können Programme oder Spiele sein sowie Steuerungssoftware für Maschinen oder Anwendungen, die spezielle Prozesse innerhalb einer Firma erleichtern sollen.

- Softwarepflege. Um Software auf dem neuesten Stand zu halten, ist es notwendig, sie ständig zu aktualisieren. Sensible Sicherheitsupdates auf PCs, Servern und in internen Netzwerken zu installieren fällt beispielsweise in den Tätigkeitsbereich eines Systemadministrators.

- Programmschulungen. Um installierte Anwendung auch nutzen zu können, ist es Voraussetzung, die Funktionen zu beherrschen. Neben Unternehmen gibt es auch vermehrt Privatpersonen, die darauf zurückgreifen.

- Webseitenprogrammierung. Zweckgebundene Webseiten haben unterschiedliche Ansprüche zu erfüllen. Dabei spielen technische Umsetzung und Funktionsumfang eine maßgebliche Rolle.

- Suchmaschinenoptimierung (SEO). Bezeichnet wichtige Maßnahmen, um eine Internetseite überhaupt auffindbar zu machen. Über den Platz in den Suchmaschinen entscheidet nicht nur der Inhalt, sondern auch unsichtbare Programmierung und technische Aspekte.

In welcher Sparte hat man die besten Aussichten?
Ich denke, dass hier die Bereiche Software und Internet das beste Potenzial bieten. Die Entwicklung von Hardware im eigenen Unternehmen kann man von vornherein ausschließen. Sie wird im Normalfall von Konzernen oder großen Lieferanten bereitgestellt, verbunden mit einem entsprechenden Service. Es ist dabei nicht außer Acht zu lassen, dass die Funktionsfähigkeit sichergestellt sein

Dienstleistungen

muss. Dafür müssten Tag und Nacht einsatzfähige Techniker oder IT-Spezialisten zur Verfügung stehen.

Software und Internet sind gerade in den Emerging-Markets gefragt. Allerdings ist es mir bisher noch nicht gelungen, auf diesem Gebiet in Peru Fuß zu fassen. Das hat wohl mehrere Gründe, meine mangelnden Spanisch-kenntnisse und fehlende Branchen-Kontakte gehören dazu. Und was mir auffällt, ich verfolge in verschiedenen Foren, dass die Akquise von Personal sehr formal und zeitaufwendig ist. Oft genug bekommt man noch nicht einmal ein Feedback.

Ein Beispiel: Ich habe mal eine vollständige Bewerbung auf eine Stellenausschreibung (englischsprachig) gesendet. Das Resultat: Ich erhielt keine Eingangsbestätigung, kein Feedback, keine Absage, nichts! Was kann man daraus ableiten? Eine Professonalisierung im Bereich HR (Human Ressources) ist zumindest bei diesem Beispiel vonnöten.

Hardware-Customizing und Reparatur könnten aber für Peru ebenfalls recht interessant sein. Denn sowohl kleinere als auch mittlere Firmen haben Bedarf an Beratung, wenn sie sich erstmals ein Computersystem zulegen. Das Wort System ist dabei vielleicht übertrieben, denn oft startet ein Geschäft mit nur einem einzigen PC. Und auch Privatpersonen können Unterstützung brauchen, wenn es darum geht, welche Komponenten, Programme und Zusatzgeräte sie für ihre Zwecke benötigen. Manchmal scheitert es ja nur an einem Kabel, dass eine ganze Installation nicht funktioniert, oder daran, dass der falsche Internetrouter gekauft wurde. Ohne Frage könnte auch die Reparatur ein aussichtsreiches Geschäftsfeld werden, denn in Peru existiert (noch) keine Wegwerfkultur. Das ist vermutlich eine Kostenfrage und nicht der Mentalität geschuldet. Denn es ist deutlich billiger, ein Bauteil auszutauschen, als den ganzen PC wegzuwerfen.

Aber damit zur Software-Entwicklung. Als Projektleiter und Manager, Business-Analyst und Entwickler kenne ich mich mit Software aus. Darum habe ich den Arbeitsmarkt dahingehend untersucht. Es gibt zwar vereinzelte Anzeigen, doch aufgrund der geringen Anzahl vermute ich, dass der Bereich der professionellen Entwicklung in der Hand von internationalen Beratungs-Dienstleistern, wie zum Beispiel, Ernst & Young, Accenture und McKinsey liegt. Mir sind keine Stellenanzeigen von Firmen aufgefallen, die Unterstützung für das Management von IT-Projekten benötigen. Meiner Erfahrung nach ist der Bedarf an selbstständigen Software-Entwicklern und überhaupt IT-Consulting also ziemlich gering. Eine Konzentration von peruanischen Software Unternehmen gibt es im Süden von Peru, in Arequipa.

Softwarepflege entspricht im Großen und Ganzen der Programmierung. Trotzdem gibt es einige Unterschiede. Denn man muss selbst keine Quellcodes für neue Funktionen schreiben, sondern nur existierende Programme verstehen. Manchmal noch nicht mal das, stattdessen sind nur Routinen abzuarbeiten, nachdem man sich über mögliche Programmkonflikte informiert hat. Dennoch ist ein fundiertes Wissen nötig, um der Aufgabe gewachsen zu sein. Sei es auf Servern des Internets, im firmeninternen Intranet, in der Administration einer Webseite oder auf privaten Computern.

Software zu installieren gehört auch zum Aufgabenspektrum. Aber ehrlich gesagt ist mir niemand bekannt, der sich darauf spezialisiert hat. Private Software ist extrem einfach einzurichten. Vorausgesetzt, der User beherrscht die Sprache der Installationssoftware, und die ist meist Englisch. Vielleicht liegt darin eine besondere Chance für Peru, denn der Großteil der Bevölkerung versteht davon kein Wort.

Programmschulungen für Mitarbeiter sind nicht unbedingt der Kern des IT-Business. Aber sie gehören irgendwie dazu, weil eben ein hoher Bedarf besteht. Und hier reden wir nicht nur über Peru, sondern über alle Länder dieser Erde. Wer jemals die Masse der Tutorials auf Youtube analysiert hat, wird dem wohl zustimmen.

Aber auch hier liegt das Problem für Peruaner auf der sprachlichen Ebene. Denn 90 % aller Lehrvideos sind auf Englisch. Außerdem werden vornehmlich sehr etablierte kommerzielle oder weit verbreitete kostenlose Programme besprochen. Der Kleinunternehmer in Peru hat davon nichts, wenn ihm niemand erklärt, was ein Programm überhaupt leisten kann. Genauso geht es auch allen mittleren und größeren Unternehmen, die ein starkes Interesse daran haben, ihre Mitarbeiter effektiv einzusetzen.

Ich selbst habe mich mit dem Thema nie beschäftigt, doch wer fließend Spanisch UND Englisch beherrscht, hätte vielleicht rosige Zukunftsaussichten.

Suchmaschinen-Optimierung (SEO) ist eine Sache, die erst durch den Webbetrieb Wichtigkeit erlangt hat. Aber angesichts der wachsenden Internetdurchdringung (zur

Zeit ungefähr 64 %) stellt es ein höchst interessantes Aufgabengebiet dar. Der peruanische Zuwachs an Internetnutzern beträgt jährlich ca. 2-3 %. Private Webseiten haben wenig Bedarf an Suchmaschinenoptimierung, gewerbliche Nutzer aber umso mehr.

Denn hier geht es darum, sich durch bessere Auffindbarkeit bei Google, Bing, Yahoo und anderen von der Konkurrenz abzusetzen. Es ist folglich ein bedeutender wirtschaftlicher Faktor, bei den Suchmaschinen möglichst weit oben gelistet zu werden. Die Aussicht auf eine Vervielfachung der Gewinne veranlasst Gewerbetreibende aller Sorten und Größen, Geld für solche Maßnahmen auszugeben. Was Peru angeht, halte ich das für ein verlockendes Potenzial.

Nebenberuflich betreiben wir (meine Frau und ich) für Amazon.de und Amazon Spanien SEO. Das hat aber wenig Ähnlichkeit mit einer Suchmaschinenoptimierung der klassischen Art.

Wie hoch sind die Stundenlöhne bzw. die Gehälter in Peru?
Meine Recherchen und Nachfragen haben in etwa ein Verhältnis von 1:3 ergeben. Das heißt, bei einem Bruttogehalt von 6.000 Euro in Deutschland bekommt man in Peru für die gleiche Aufgabe oder Position etwa 8000 bis 9.000 Soles (Vollzeit). Stundensätze orientieren sich in Deutschland stark an der ausgeübten Tätigkeit. Es gibt Stundensätze von 40 Euro bis 90 Euro und mehr. Ein Entwickler oder Systemadministrator bekommt wesentlich weniger als z. B. ein gestandener IT-Projektmanager. Ein definitives Stundenhonorar ist mir in Peru nicht bekannt, jedoch vermute ich gleiche Relationen wie bei den Gehältern.

Was waren die Herausforderungen?
Die Zielgruppe zu definieren und den Markt zu untersuchen. Die Mentalität ist eine komplett andere, gerade in Bezug auf Zuverlässigkeit, Pünktlichkeit und andere Tugenden. Auch konnte ich im täglichen Umgang ein ausgeprägtes Hierarchiedenken feststellen. Ohne Chef bzw. dessen Zustimmung läuft nichts. Alles braucht seine Zeit. Eine Herausforderung ist es auch, einen Kundenkreis aufzubauen. Ich kann mich des Eindrucks nicht erwehren, dass man ohne „Vitamin-B" nur sehr langsam an die richtigen Leute herankommt.

Persönliche Erfahrungen
Zu Beginn hatte ich es mir einfacher vorgestellt, Business-Kontakte zu knüpfen. Aber das liegt wohl auch an meinen mageren Spanischkenntnissen. Ich dachte, Englisch sei in Lima die bevorzugte Business-Sprache. Da hatte ich mich aber getäuscht, Spanisch ist ein Muss!

Webdesign
In Anlehnung an Karl-Heinz Dibke

Als Inhaber einer Internetagentur sowie einer Reiseagentur verfügt Karl-Heinz Dibke über ein profundes Wissen. Seine Firma bietet unter anderem Webdesign an und ist seit Langem auch im peruanischen Markt etabliert.

Welche Kunden kommen für Webdesign infrage?
Bei großen Firmen braucht es ein Votum der Facheinheit, eine Akkreditierung durch die Einkaufsabteilung und die Beachtung des Style-Guides. Große Firmen haben den Charme der finanziellen Mittel, die teilweise freigiebig ausgegeben werden. An den Webseiten gibt es regelmäßig etwas zu tun, meist täglich. Andererseits kann die Zusammenarbeit von einem auf den anderen Tag beendet sein, wenn das Budget erreicht ist oder, dies ist häufiger zu beobachten, die Budgets mitten im Jahr um 50 % gekürzt oder sogar eingefroren werden. Webdesign spielt dann meist keine Rolle mehr und die Aufträge enden abrupt.

Kleinunternehmer haben einen großen Bedarf. Die Webseiten sind meist unwichtig für den Entscheidungsträger. Häufig ist zu beobachten, dass der Entscheider Aktualisierungen verschiebt oder nur zu einem bestimmten Anlass alles schön machen lassen will. Man muss daher zum richtigen Zeitpunkt am richtigen Ort sein. Privatkunden spielen für meine Firma kaum eine Rolle. Sie werkeln gerne mit Gratissoftware selbst an ihrer Homepage. Einen finanziellen Gewinn erzielen sie damit sowieso nicht, also wird auch kein Geld investiert.

Welche Konkurrenz bedeuten die kostenlosen Webseiten-Baukästen aus Deutschland anderen Ländern dar?
Unternehmen ab etwa 10 Mitarbeitern nutzen keine kostenlosen Webseiten-Baukästen aus Gründen der eingeschränkten Funktionen und des Gesamteindrucks. Hier hat sich 'Wordpress' als Hybrid durchgesetzt. Teile davon sind gratis, Teile zu bezahlen. Richtig große Konzerne arbeiten mit noch professionelleren Content Management Systemen und oftmals auch mit eigenem Personal. Kleine Gewerbetreibende und Vereine bedienen sich häufig dieser kostenlosen Baukästen. Nach einiger Zeit nehmen sie jedoch die Grenzen wahr und sind bereit, Geld in die Hand zu nehmen, um die Webseite zu verbessern.

Was muss eine Webseite bieten, um Kunden zu begeistern?
Man braucht Videos oder Animationen und hierfür eine professionelle Software wie Adobe. Darüber hinaus benötigt man gute Bilder. Wenn man nicht selbst fotografieren kann, braucht man die Hilfe eines Dienstleisters, der einen damit versorgt. Auch die Mehrsprachigkeit ist bei internationalem Auftritt inzwischen Pflicht.

Muss man auch programmieren können?
Programmierkenntnisse sind einerseits nötig, um kleine Änderungen selbst vorzunehmen. Andererseits, um Suchmaschinenoptimierung betreiben zu können. Ansonsten finden sich in Peru, in Indien oder auch in anderen Ländern hierfür Subunternehmer. Von überall aus der Welt kann gearbeitet werden.

Muss ich mich mit dem Internetrecht auskennen?
Europäisches Internetrecht ist wichtig geworden und man muss sich unbedingt damit auseinandergesetzt

Dienstleistungen

haben. Die neuesten Entwicklungen sowie Trends bei einschlägigen Gerichtsurteilen sollte man kennen. Gleiches gilt für Seiten, die in Peru angeboten werden, denn auch hier ist das Internet kein rechtsfreier Raum.

Muss ich mich mit dem jeweiligen Urheberrecht auskennen?

Das Urheberrecht ist eminent wichtig. Doch die einfachste Direktive ist, niemals etwas zu veröffentlichen, für das man keine Nutzungsrechte besitzt und das nicht nachweislich lizenzfrei ist. Bilder und Texte kommen normalerweise vom Kunden und dieser müsste hierfür in die Verantwortung gehen.

Doch wenn der Designer ihn wissentlich nicht darauf hingewiesen hat, dass etwas nicht in Ordnung ist, kann er noch drei Jahre dafür in Regress genommen werden. Ähnliche Verstöße verjähren schon nach zwei Jahren, der Webdesigner steht jedoch immer in der Verantwortung. So ist das inzwischen in Deutschland.

Gibt es Alleinstellungsmerkmale im Vergleich zu den Konkurrenten?

Termintreue und Pünktlichkeit sind sehr wichtig. Auch die Kontinuität in der Arbeit, um Zwischenstände zu melden. Die Kundenabsprachen sind nicht immer einfach. Mit Video- oder Teamviewer-Konferenzen kann man sich auf dem Rechner aufschalten und fernwarten. Das hilft sehr, denn der Nutzer möchte Änderungen grundsätzlich selbst vornehmen, was ihm nicht immer gelingt. Eine Spezialisierung ist sinnvoll. Dadurch entsteht schnell Mund-zu-Mund-Propaganda.

Aufbau einer Logistikkette für den Handel
Carlos F.

Carlos F. ist Geschäftsführer einer E.I.R.L. Import, Export und Transport sind sein Geschäft, in das er uns einige Einblicke gewährt.

Was ist überhaupt eine Logistikkette?
Das ist sozusagen ein Staffellauf der Produkte, damit sie vom Produzenten zum Verbraucher kommen. Irgendwo werden sie erzeugt, müssen dann woanders veredelt, verarbeitet oder verpackt werden, um ihren Weg dann vielleicht in kleineren Chargen in die Läden zu finden oder ggf. komplett exportiert zu werden. An welchem Punkt diese Logistikkette beginnt oder endet, ist egal, der Begriff bezeichnet im Grunde eine Transportstrecke, die durch einen Anbieter organisiert wird. Mit jeder Etappe steigt der Preis eines Produktes und somit auch der Gewinn für den Spediteur.

Was macht eine Logistikkette wertvoll für den Handel?
Dass die Leistung aus einer Hand kommt und sich der Kunde um nichts weiter kümmern muss. Er kann die aufgebauten Strukturen nutzen, die für eine pünktliche und reibungslose Lieferung sorgen. Gefragt sind in diesem Metier Organisationstalent und die Fähigkeit, verlässlich zu planen.

Vieles kann schiefgehen, doch wenn der Kunde sechs Tonnen Kakao für den sechsten Mai nach Rotterdam bestellt, sollte sichergestellt sein, dass die richtige Menge zur richtigen Zeit am richtigen Ort eintrifft. Wie die Ernte aus zahlreichen peruanischen Dörfern nach Europa kommt, interessiert den Auftraggeber nicht. Der Wert der Leistung besteht für ihn darin, dass jemand, der sich damit auskennt, die Koordination für ihn übernimmt.

Welche Interessenten kämen dafür infrage?
Unternehmen, die Waren für den internationalen Handel im- oder exportieren möchten, wären eine mögliche Klientel. Solche, die große Mengen an Waren an andere Orte transportiert haben möchten. Deutsche oder peruanische Verbände wie ADEX (Asociación de Exportadores) könnten als Vermittler, Partner oder Auftraggeber dienen. Sie arbeiten in größerem Maßstab mit Containerverschiffung, Schüttgütern, Tiefkühlware und so weiter.

In Peru ist Logistik jedoch ein generelles Problem. Auch im Landesinneren scheitern viele Lieferanten an den dortigen Gegebenheiten. Sei es durch fehlende Infrastruktur und schlechte Straßen oder auch nur wegen der allgegenwärtigen Unzuverlässigkeit von Fahrern oder Personal.

Doch selbst ein Pizzabote ist schon Teil einer Logistikkette, die bei der Pizzeria beginnt, aber schon beim hungrigen Besteller endet. Im Falle einer Logistikkette darf man also auch mal kleiner denken. Wer sammelt zum Beispiel die Alpaka-Wolle in unzugänglichen Regionen ein und bringt sie zu den verarbeitenden Betrieben? Wie werden extrem teure Vicuña-Produkte vor Überfällen beim Transport geschützt? Oder wie kommen sensible Blutspenden von den Sammelstellen in die Krankenhäuser bzw. aufs Land?
Überall dort, wo sichere, schnelle und pünktliche Lieferungen erforderlich sind, eröffnen sich in Peru besondere

Chancen. Zweifellos ergeben sich nach eingehenderen Recherchen noch etliche weitere Geschäftsfelder, die eine spezialisierte Logistikkette auch für kleinere Anbieter möglich machen würden.

Welche Ressourcen benötigt man, um eine internationale Logistikkette aufzubauen?
Wer im großen Stil auch mit Containern agieren möchte, braucht teilweise Warenlager in Lurin, Callao, Ica oder Paita. Das ist notwendig für die Be- und Entladung der Transporteinheiten. Die Häfen selbst haben meist zu wenig Kapazitäten dafür. Für Beladung und Transport sollten Lastwagen, Gabelstapler sowie entsprechendes Personal zur Verfügung stehen.

Eine der wichtigsten Personen für den internationalen Handel ist ein Customs Broker. Dies ist ein Zollagent, der die Logistikfirma vertritt. Nur er darf mit dem Zollamt in Kontakt treten und er erhält für seine Leistungen einen geringen Prozentsatz des FOB. Das ist die Abkürzung für Free On Board und bezeichnet die gesamten Verlade- und Beförderungskosten.

Könnte man unvollständige Container / LKW-Ladungen mit eigenen Handelswaren füllen?
Ja das ist möglich. Es ist relativ leicht, Auftraggeber zu finden, die den gleichen Bestimmungsort für ihre Waren haben. Ansonsten gibt es noch Freight Forwarder, die Abkürzung ist FFWD. Diese Firmen kaufen 100 Container von einer Schiffslinie und verkaufen diese danach an Exporteure. Wenn sie 200 USD bezahlt haben, werden die Container für 300 USD an Exporteure weitervermittelt. Früher beschränkten sie sich nur auf Frachtkapazitäten,

inzwischen verkaufen sie jedoch auch Komplettpakete mit Dienstleistungen für Logistik, Fracht und Lager.

Welche Fähigkeiten muss man mitbringen, um starten zu können?
Natürlich ein gewisses Maß an Erfahrung in diesem Berufsfeld. Aber auf jeden Fall könnte jeder Exportleiter das problemlos umsetzen. Es fehlt jedoch manchmal an Selbstbewusstsein, weil man nicht weiß, wie die Abläufe sind. Sich da hineinzuarbeiten ist jedoch die eigentliche Aufgabe, wenn man eine Logistikkette aufbauen will. Denn es kann immer wieder passieren, dass sie an einer Stelle hängt. Daher sollte man regelmäßig anrufen, immer aufpassen oder persönlich vor Ort sein, damit alle Glieder der Kette reibungslos funktionieren.

Darüber hinaus sind Verhandlungsgeschick und Überzeugungskraft weitere Talente, die sich positiv auf das Geschäft auswirken. Denn überhaupt ein Lager nahe den genannten Städten zu bekommen ist genau so diffizil, wie Angestellte davon zu überzeugen, in Notfällen auch mal an Feiertagen zu arbeiten. Demnach sind Sprachkenntnisse außerordentlich wichtig, es sei denn, man kann sich einen multilingualen Prokuristen leisten.

Welche Genehmigungen braucht man dafür?
Der Vorgang der Anmeldung ist ziemlich einfach. Dazu muss man auch kein Peruaner sein. Man geht zum Notar, um das Unternehmen zu gründen. Bei mehreren Beteiligten wird ein Gesellschaftervertrag aufgesetzt. Danach geht es zur Steuerbehörde SUNAT, um eine Umsatzsteuer-ID zu bekommen. Also in Peru die RUC (Registro Único de Contribuyentes).

Falls es festangestellte Mitarbeiter gibt, muss ein Bankkonto eröffnet werden, wofür die Dokumente des Notars und der SUNAT benötigt werden. EsSalud ist dabei zuständig für die Sozialversicherung. Bei ausschließlich freiberuflichen Mitarbeitern entfällt diese Prozedur. Ein eigenes Büro ist nicht zwingend notwendig, stattdessen halte ich ständige Erreichbarkeit für eine viel wichtigere Voraussetzung.

TOURISMUS

Incoming-Agentur/Outgoing-Agentur/ Reiseveranstalter
Martina Capel, Karl-Heinz Dibke

Karl-Heinz Dibke kennen wir schon von einem vorangegangenen Interview. Genauso wie er hat Martina Capel
eine weitere Geschäftsidee realisiert, was uns einmal
mehr das wirtschaftliche Potenzial in Peru aufzeigt. Ihre
ausführlichen Antworten erlauben uns tiefe Einblicke in
dieses Business und wurden hier zusammengefasst.

Martina Capel
Wie macht man europäische Reiseveranstalter auf seine
Leistungen aufmerksam?
Viele europäische Reiseveranstalter wie beispielsweise
GEBECO arbeiten nur mit überprüften oder zusammen-
geschlossenen DMCs (Destination Management Compa-
nies) zusammen und nicht mit der lokalen Agentur. Das
heißt, man muss zuerst in den DMC-Kreis hineinkom-
men. Ansonsten kann man kleinere Veranstalter auch direkt ansprechen, am besten bei internationalen
Reisemessen wie der ITB (Internationale Tourismus
Börse). Gesprächstermine sollte man, wenn möglich, im
Voraus ausmachen. Das ist allerdings sehr langfristig an-
zusehen, oft braucht es mehrere Jahre, bis man ernst
genommen wird.

Ein weiterer Ansatzpunkt ist es, sich bei Lima-Veranstal-
tern vorzustellen, die auf dem europäischen Markt tätig
sind.

113

Wie macht man peruanische Hotels und Hostels auf sich aufmerksam?

Das ist einfach. Hotels anschauen, Fotos machen, sich vorstellen, Visitenkarten austauschen. Dann die richtigen Personen anschreiben und Agentur-Preise erfragen. Größere Hotelketten sind da etwas pingeliger, die wollen erst alle administrativen Dokumente sehen, bevor sie Agentur-Preise herausgeben.

Brauche ich eine Internetseite?

Das hängt davon ab, welche Art von Agentur man sein möchte. Wir arbeiten sehr viel direkt über unsere Webseite. Andere Agenturen arbeiten als lokale Agentur für große Lima-Veranstalter, die natürlich immer jemanden vor Ort brauchen, der sich um ihre Kunden kümmert.

Braucht man eigene Fahrzeuge?

Das hängt davon ab, welche Art von Tourismus man betreiben möchte. Ob Gruppen- oder Individualreisen. Wenn man in ein Fahrzeug investiert, sollte sich das natürlich auch rentieren. Und wenn man zwei Gruppen zur gleichen Zeit betreut, muss man sowieso auf ein weiteres Fahrzeug zurückgreifen.

Braucht man einen Personenbeförderungsschein oder anderweitige Genehmigungen?

Ja, offizielle Fahrer haben verschiedene Lizenzen und zahlen auch Gebühren, um von einer Region in eine andere zu gelangen. Sie bezahlen auch die SOAT (Seguro Obligatorio de Accidentes de Tránsito) für ihr Fahrzeug.

Muss man zeitlich flexibel sein?
Wenn ein Kunde auf Reisen ist, muss man natürlich flexibel sein. Insbesondere bei Nachtankünften am Flughafen oder spontanen Wünschen. Man muss nicht alles selbst machen, aber auf jeden Fall auf Deutsch zur Verfügung stehen, um Probleme zu lösen.

Welchen Stellenwert haben Pünktlichkeit und Zuverlässigkeit in diesem Geschäft?
Beides ist außerordentlich wichtig! Man sollte auch darauf achten, seine Partner sorgfältig nach diesem Anspruch auszuwählen. Dazu zählen z. B. Hotels, Restaurants, Fahrer oder Guides.

Ist Ersatzpersonal zum Einspringen nötig?
Gleiche Antwort wie auf die vorherige Frage: Man kann nicht alles allein bewältigen. Gelegentlich hat man wichtige Termine, hält sich im Ausland auf oder ist einfach mal krank. Genau deshalb arbeiten wir nicht nur mit Freelancern, sondern haben auch offizielle Angestellte, auf die man sich verlassen kann.

Wie kommunikativ muss man sein?
Auch das ist sehr wichtig! Jemand, der nicht sonderlich gerne mit Menschen spricht, sollte erst gar keine Reiseagentur aufmachen. Wobei das nicht unbedingt heißen muss, dass er nicht auch als Stadtführer oder Guide unterwegs sein könnte. Aber der persönliche Kontakt ist doch das Wichtigste in einem Servicebetrieb.

Gibt es noch andere Einnahmequellen?
Provisionen zu kassieren ist natürlich eine Möglichkeit, um noch mehr zu verdienen. Besonders im ländlichen

Tourismus

Peru gibt es viele Fälle, bei denen die lokalen Agenturen ein Menü zu 20 Soles in ihrer Gruppenexkursion verbuchen, dann aber im Restaurant nur 15 Soles bezahlen. Das ist aus unserer Sicht eher eine Ausbeutung der kleinen Leute, denn die Restaurant-Besitzer in irgendeinem Dorf sollen ja auch etwas vom Tourismus-Boom abbekommen.

Was waren die drei größten Herausforderungen?
1) Wir haben uns auf den Norden Perus spezialisiert, zu einem Zeitpunkt, als noch niemand darüber sprach. Unsere erste Herausforderung war es, den Norden bekannter zu machen. Deshalb haben wir erst einmal angefangen, über alles, was es zu sehen gibt, zu schreiben. Wir haben im Internet darüber gebloggt. Heute stehen über 100 Artikel auf unserer Webseite, sie ist nun eine Referenz für Reisende, die Nord-Peru entdecken möchten.

2) Im Tourismusbereich braucht man Geduld. Man muss erst das Vertrauen der Peruaner (Hotels, Homestays, Restaurants, Reiseführer, Fahrer) und dann natürlich auch Kunden gewinnen (entweder direkt oder über Reiseveranstalter).

3) Eine dritte Herausforderung besteht darin, fähiges Personal anzustellen. Wir wollten nicht in Autos, sondern in Personal mit einem Angestellten-Vertrag investieren. Wie bereits erwähnt, sollten ja auch die Peruaner etwas vom Aufschwung der Tourismus- Branche haben.

Aber noch etwas dazu: Mit einem Vertrag hat man in Peru die gleichen Rechte wie in Deutschland, es gibt Sozialversicherung und Rente, nur haben eben, besonders im Norden, viele Leute keinen Angestellten-Vertrag und verfügen somit auch über keinerlei Absicherung im Krankheitsfall. Wir haben eine junge Peruanerin eingestellt, die Übersetzung in Französisch und Englisch studiert hat. Fast zwei Jahre lang war sie unsere Assistentin in Chachapoyas, hat viele unserer Artikel übersetzt und sich um Behördengänge gekümmert.

Wir haben auch einen offiziell diplomierten Reiseführer eingestellt. Er kommt aus Trujillo und hat dort auch seine Ausbildung gemacht. Er kennt mittlerweile die Philosophie unserer Agentur, schreibt jetzt auch Artikel für unsere Webseite und moderiert eine Facebook-Gruppe für Reiseführer, die ähnlich gelagert sind wie wir. Also nachhaltiger Tourismus.

Was waren Eure drei grössten Erfolge?
1) Immer noch da zu sein! Nein, aber mal im Ernst, dass wir jetzt mit 19 verschiedenen Projekten zusammenarbeiten, sie dabei unterstützen, auch am Tourismus teilzunehmen. Entweder mit Homestays oder durch traditionelle Aktivitäten.
2) Nach langjähriger Follow-up-Arbeit endlich mit gewissen großen Reiseveranstaltern zusammenzuarbeiten.
3) Als Reise-Spezialist für Nord-Peru angesehen zu werden.

Welche Tipps könnte man Nachahmern geben?
Eine Reiseagentur improvisiert nicht. Es ist ein langwieriger Prozess und es ist auch etwas, das man besser zu 100 % anfängt oder gar nicht. Als kleine Reiseagentur muss man alles können: Online-Marketing, Internet-

Seite aufbauen und betreiben, Reservierungen annehmen, Reisen organisieren, SEO und Word, Buchhaltung
und Administration.
Um im Tourismus zu arbeiten, muss man mit Leib und
Seele dazu stehen, man muss davon überzeugt sein. Es
ist kein Beruf, in dem man einfach Geld verdient. Es ist
zeitaufwendig und man hat nie Urlaub. Dessen muss
man sich bewusst sein.

Wenn man schneller zu Geld kommen will, ist es wahrscheinlich einfacher, sich als deutsch- und englischspra-
chiger Tour Conductor (Reisebegleiter) selbständig zu
machen. Da hat man kein Risiko und findet zumindest
auf der Südtour leichter Arbeit, da alle Reise-Agenturen
nach deutschsprachigen Reiseführern suchen. Zur Info:
Reiseführer ist ein Beruf, auch hier in Peru, für den man
drei Jahre lang studiert, die peruanische Geschichte und
Archäologie kennengelernt haben muss. Theoretisch
kann eine Reise-Agentur nur ausgebildete Reiseführer
anstellen, ansonsten werden diese Reisebegleiter genannt. Sie haben eigentlich nur die Aufgabe, zu übersetzen, weil sowieso an allen archäologischen Stätten ein
lokaler Guide engagiert wird.

Karl-Heinz Dibke
Was ist das Erfolgsrezept?
Die Idee ist, unsere in vielen Jahren angesammelten
Reise- und Tour-Erfahrungen gezielt an unsere Kunden
weiterzugeben. Der Vorteil für die Reisenden ist, dass sie
während unserer persönlichen Beratungen echte Beispiele gezeigt bekommen und nicht nur mit Hochglanz-
prospekten und nachbearbeiteten Fotos gelockt werden.

Unsere deutschen Kunden werden von uns persönlich beraten und betreut. Unsere Kundschaft erhält gezielte Informationen und Reiseangebote, die auf die persönlichen Wünsche zugeschnitten sind und speziell zusammengestellt werden können. Bei einer Beratung können wir so je nach Interessenlage individuelle Reisebausteine anbieten.

Alle Kombinationen aus unterschiedlichsten Reiserichtungen und Reisewegen können miteinander zu kompletten Abschnitten verbunden werden. Hierzu steht uns aus den eigenen Ressourcen ein bunter Strauß an Möglichkeiten der Reisegestaltung zur Verfügung. Durch den gezielten Einsatz von Erfahrungen und Kenntnissen vor Ort kann so ein vielseitiges Angebot durch einzelne Etappen flexibel zusammengefasst und für Rundreisen verwendet werden.

Die Angebote werden dadurch auch dem finanziellen Rahmen und den individuellen Ansprüchen der Kunden gerecht. Wir können durch dieses Konzept Backpacker genauso bedienen wie VIP-Kunden, die nur 4-5-Sterne-Kategorien wünschen.

Wie macht man peruanische Hotels und Hostels auf sich aufmerksam?
Wir vermarkten unser Angebot seit 2018 über unsere eigene Internet- Plattform, die wir speziell für Peru konzipiert haben. Hier finden interessierte Kunden in den Sprachen Deutsch, Spanisch und in Englisch umfangreiche Informationen und Leistungen.

Wir präsentieren dort unsere eigenen Angebote zusammen mit einer Mischung von Drittangeboten aus dem B2B-Bereich (Business-to-Business), die wie bei anderen Anbietern auch gegen Provision einen erweiterten Platz zur Vermarktung in Peru finden.

Hierzu sind noch weitere Maßnahmen angelaufen, die von persönlichen Vorstellungsrunden bei den Touristikanbietern vor Ort (Hoteliers, Tagestour-Anbieter etc.) bis zum Versand von Flyern reichen. Zudem werden die regionalen Tourismusverbände mit einbezogen.

Braucht man eine Internetseite?
Ja, das ist unbedingt erforderlich. Wir haben den Vorteil, dass wir unsere Webseiten über eine eigene Firma selber gestalten und entwickeln können. Auf diese Weise fallen weniger Kosten an als bei einer Auftragsvergabe an Dritte. Entsprechende Grafiker/Innen, Designer/Innen und Programmierer aus Peru oder auch aus Indien arbeiten bereits für uns. Vieles können wir aber auch selbst erstellen, ändern oder ergänzen.

Welche nutzbaren Kanäle gibt es noch
In unseren Bekanntenkreisen gibt es einige Touristik-Schaffende, vom Touranbieter bis zum kompletten Reisebüro. Oft auch mit vielen anderen Angeboten rund um den Globus. So bestehen Kontakte zu TUI und auch zu regionalen Reisebüros von Stuttgart bis zum Bodensee. Über diese werden gezielte Einzelangebote in den Markt eingestreut.
Mit der speziellen Peru-Reise-Plattform möchten wir umfassend und offen für alle möglichen Peru-Angebote von A wie Auto über H wie Hostel und Hotel, an M wie Mietwagen vorbei bis hin zu Z wie Zeltplatz sein. Ebenso

möchten wir aber auch über B2B mögliche Drittangebote auf Provisionsbasis aufnehmen, die deutlich von den prozentualen Werten bei Momondo, Kajak und Co. abweichen. Hierbei ist eine Reduzierung der üblichen Provisionen von bis zu 50 % möglich. Ziel ist es, die Kunden möglichst direkt anzusprechen. Dazu betreiben wir Werbung in geeigneter Weise und in verschiedenem Umfang. Etwa über Social-Media-Kanäle wie Twitter, Facebook, Instagram, Pixabay, LinkedIn, Google Business, Pinterest, Hostelworld, Google Maps, Garmin Maps, Airbnb und andere Werbeplattformen. Darüber hinaus besuchen wir Zusammenkünfte von und für Reisende. Wie zum Beispiel die ITB oder auch Festivals für Reiseinteressierte.

Ergänzend kommen noch verschiedene B2B-Plattformen wie TripAdvisor, HolidayCheck, Check24 oder Trivago dazu. Je breiter die Nutzung der Vermarktungsmöglichkeiten, desto weitläufiger sprechen sich die Angebote herum. Was man jedoch dabei nicht vergessen darf, ist, dass genau diese Wege länger brauchen, um entsprechend viele Rankings zu erhalten. Zu Beginn wird das von uns als Nebenschauplatz bewertet, weil die Umlaufzeiten schon wegen geringerem Bekanntheitsgrad zu gering sind. Da darf man nicht zu schnelle Erfolge erwarten.

Braucht man zusätzliche Fahrzeuge?
Als Touranbieter benötigt man natürlich eine eigene Fahrzeugflotte. Ideal sind auch gute Kontakte zu lokalen Transportanbietern oder eine Zusammenarbeit mit überregionalen Busunternehmen. Bei Bedarf können wir auf überregionale Buslinienbetreiber zugreifen. Die meisten

unserer Kunden bevorzugen jedoch den Flug oder fahren selbst, um mehr von den Sehenswürdigkeiten zu entdecken. Einzig Backpacker bedienen sich zumeist der günstigsten Variante der Fortbewegung, sie reisen also zu Fuß oder per Fahrrad. Wobei Letzteres schon wieder eine neue Geschäftsidee für Peru wäre.

Braucht man einen Personenbeförderungsschein oder anderweitige Genehmigungen?
Alle Genehmigungen sollte man gleich mit der ersten Geschäftseröffnung einholen, um sich die ansonsten später anfallende Lauferei zu sparen. So lagen umfangreiche Genehmigungen bereits seit unserem ersten Business-Antrag vor. In Peru bedeuten solche Behördengänge zwar einen gewissen Zeitaufwand, aber warum sollte man einen Anwalt damit beauftragen, wenn alles in wenigen Stunden selbst geregelt werden kann? In jedem Fall sollte man aber vor solch einem Schritt eine Analyse erstellen, um zu sehen, welche Geschäftsbereiche neben der eigentlichen Hauptaufgabe noch bedient werden können.

Die eigentlichen Anträge sind in Peru auch recht einfach zu stellen. Viele scheuen sich nur davor, die Abläufe vorher genauer zu recherchieren. Das sind dann auch meist die Fälle, die letztlich auf Dienstleistungen von spezialisierten Anwälten oder Notarbüros zurückgreifen müssen. Für uns war es von Vorteil, dass innerhalb der Familie bereits verschiedene Firmen in Peru existierten, und diese nicht wie bei vielen kleinen Firmen in Peru durch informelle Gründungen entstanden sind. Somit waren uns die Möglichkeiten und Wege schon bekannt.

Muss man zeitlich flexibel sein?
Flexibilität ist eine Grundvoraussetzung, die in Peru, im Grunde aber in der gesamten Touristikbranche in erhöhtem Maße gefordert wird. Da man niemals ganz sicher sein kann, dass alles, was gestern noch funktionierte, auch morgen noch so funktionieren wird, sollten bestimmte Situationen schon im Vorfeld mit dem Personal besprochen werden. Auf Überraschungen souverän reagieren zu können ist sowohl in Peru als auch ganz allgemein in der Touristikbranche eine äußerst geschätzte Fähigkeit.

Ein Abholservice ist schon wegen der unterschiedlichen Anreisearten zu jeder beliebigen Tages- und Nachtzeit wichtig. Ein Gast steht nachts am Flughafen, der andere am Bahnhof und der Backpacker steht irgendwo am Straßenrand. Kein schöner Zug, seine Kunden orientierungslos auf Parkbänken nächtigen zu lassen. Es gibt hierbei aber auch einen besonderen Tipp. Denn weil in diesem Bereich Lokalmatadoren bestimmte Reviere beanspruchen, versuchen sie ihr Monopol mit allen Mitteln zu erhalten. Wir lösen das Problem, indem wir bei Flughafenabholungen nur einheimische Vertreter entsenden und nur bei VIP-Kundschaft eine möglichst europäisch anmutende Empfangsperson schicken.

Mit Callao haben wir auch einen kleinen Standortvorteil, den wir entsprechend zu nutzen wissen. Es hat schon so mancher aus unserem Bekanntenkreis darüber gelästert, warum wir unseren Standort nicht in Lima betreiben. Aber dieser Ort, nur 5 Minuten von uns bis zum Flughafen Jorge Chavez in Lima ist ein perfekter Standort. In Zusammenarbeit mit befreundeten Hostels und Hotels

Tourismus

erlaubt er es uns, die Kunden zu später Stunde gleich nach dem Flug in ihre erste ruhige Nacht zu schicken. Auch wenn einige darüber lächeln, der Standort Callao hat eben auch seine Vorteile.

Welchen Stellenwert haben Pünktlichkeit und Zuverlässigkeit in diesem Geschäft?
Soweit keine äußeren Einflüsse das verhindern, ist es ein Marktvorteil, die deutsche Tugend der Verlässlichkeit stets hervorzukehren. Das ist in Peru nicht immer ganz so einfach. Schon bei der Auswahl von Partnern und Personal spielt dieses Kriterium eine große Rolle. Peruaner außerhalb des Familien- und Freundeskreises sind eher mit Bedacht zu wählen und wenn nötig zu schulen. Wir führen mit den Angestellten mehrmals im Jahr entsprechende Trainings durch, um unser Qualitätsversprechen penibel einhalten zu können.

Ist Ersatzpersonal zum Einspringen nötig?
Unser Team teilt die gleiche Philosophie und ist vollkommen auf den Gast ausgerichtet. Die Einsatzbereitschaft ist hoch. Hier hat man als kleinerer Touranbieter gegenüber großen Firmen den Vorteil, dass man die Auswahl motivierter Mitarbeiter nicht in delegierte Hände geben muss. So sehen wir das zumindest.

Wie kommunikativ muss man sein?
In der Touristikbranche muss man seine Kunden unterhalten und entertainen können. Die meisten sind ja Urlauber, die etwas über das Land erfahren oder etwas Neues erleben wollen. Schweigsamkeit ist da wenig hilfreich, was nicht bedeutet, dass man eine Show abziehen muss. Es ist in jedem Fall hilfreich, schon beim Empfang

einen freundschaftlichen Umgang mit seinem Kunden aufzubauen, sodass er sich gut behütet fühlt, sozusagen ankommen kann. Persönliches Wissen über die Örtlichkeiten, über Kunst, Geschichte oder lokale Geheimtipps ist von entscheidender Bedeutung für den Wohlfühleffekt des Besuchers. Wenn man gefragt wird, wo man in 3.000 Metern Höhe ein Surfbrett kaufen kann, muss man das nicht unbedingt wissen, doch man sollte sofort bereit sein, es herauszufinden. All das trägt dazu bei, dass der ehemalige Kunde sich nun als willkommener Gast fühlt und seine positiven Erfahrungen weiterträgt. Per Empfehlung oder Bewertung im Netz, als Rezension, über Mund-zu-Mund-Propaganda oder sonst wie.

Gibt es noch andere Einnahmequellen?
Das Ganze funktioniert aber auch in umgekehrter Richtung. Provisionen bei Lokalen, Transporten und Übernachtungen sind allgemein üblich. Wenn ein Taxifahrer jedoch Geld dafür bekommt, dass er seine Fahrgäste nur an bestimmten Bars und Restaurants abliefert, nennt sich das eher Schmiergeld. Nichts Ungewöhnliches in Peru.

Was waren die größten Herausforderungen für Euch?
1. Die Aufbauorganisation (in einem Zeitraum von drei Jahren) so aufzustellen, dass die Geschäftsbereiche alle gleichsam bedient werden können. Hierbei halfen die vielseitig ausgebildeten Familienmitglieder, die vom ausgebildeten Handwerker über Techniker bis hin zur Architektin und zum Marketing-Spezialisten reichen.

2. Bei länger dauernden oder immer wiederkehrenden Herausforderungen nicht vorzeitig aufzugeben, sondern

sich dem Markt zu stellen. Notwendige Kurskorrekturen sind durch entsprechende Analyseverfahren rechtzeitig erkennbar und dann auch umgehend bei Erreichen der vorher abgesteckten Grenzwerte einzuleiten und nicht aufzuschieben. Hier ist es wichtig, stets Beharrlichkeit zu zeigen.

3. Qualitäten bei Service und Angebot müssen grundsätzlich eingehalten werden, wobei die Zuverlässigkeit selbst beeinflusst werden kann. Hierbei hilft es, die peruanische Gesellschaft genauer zu kennen oder kennenzulernen und auf ihre Eigenheiten einzugehen. Die über lange Zeit erworbenen Kenntnisse und Fähigkeiten erfolgreich zu nutzen und Personal so zu steuern, dass es selbst erkennen kann, worin das Ziel besteht und was der Geschäftserfolg für das eigene Wohlbefinden (auch in finanzieller Form) bedeutet. Personalführung ist zu beherrschen.

Wie sehen die weiteren Ziele aus?
- Die im Businessplan vorgesehenen Umsatzziele zu erreichen, sie sogar zu überschreiten.

- Den Aufbau der neuen Vermittlungsplattform zeitgerecht fertigzustellen.

- Einen Auftritt bei der ITB zu planen und über verbundene Geschäftsfreunde auch durchzuführen. Einsätze bei verschiedenen kleinen Reisemessen. Touristische Informationsstände in Süddeutschland bei unterschiedlichen Gelegenheiten anzubieten und durchzuführen. Informationsabende mit Lichtbild- und Videovorträgen durchzuführen. Neben den Messeauftritten in Deutschland haben wir mit einem Teil unseres Teams auch in Peru z.B. in Cajamarca und Arequipa Messearbeiten erfolgreich durchgeführt.

Welche Tipps könnte man Nachahmern geben?
Ein Tipp wäre, sich keinen Illusionen hinzugeben. Die Arbeit auf dem für Europäer ungewohnten Terrain und mit ungewohnt reagierenden peruanischen Kunden ist vielfach schwieriger als mit deutschen/europäischen Kunden. Selbst deutsche Kunden müssen eher animiert werden, da sie zumeist von der langen Anreisezeit abgeschreckt werden (zumindest haben das unsere Umfragen unter Reisenden zwischen 35 und 40 Jahren ergeben). Arbeit ist Arbeit und die kann bewältigt werden!

Wichtig ist es auch, bei Planungen sich selbst gegenüber ehrlich zu sein und seine Ziele so genau wie irgend möglich zu definieren. Anschließend sollte man diese Ziele beharrlich verfolgen und an vorher festgelegten Zeitpunkten Leistungskontrollen vornehmen, die dann bei Bedarf eine rechtzeitige Kurskorrektur ermöglichen.

Was ist überhaupt ein Blog?
Das Wort Blog ist eine zusammengezogene Abkürzung für Web-Log. Also ein Logbuch oder Tagebuch im Internet. Darin berichten Einzelpersonen oder Gruppen über ein beliebiges Thema. Das können Erfahrungen, Meinungen, Artikel oder Ratschläge sein. Die Inhalte sind dabei frei wählbar, genau wie der Veröffentlichungsturnus. Besucher können die Beiträge kommentieren und auch als News-Feed abonnieren. Ein Blog ist meist eine eigene Webseite und nicht Teil von übergeordneten Portalen. Das bietet die Möglichkeit, frei darüber zu verfügen.

Wie verdient man damit Geld?
Als Besitzer einer Webseite hat man die Möglichkeit, dort Werbung zu schalten, Links zu vermieten oder Auftragsartikel zu verfassen. Es können auch Videos eingebunden oder Produkte, Firmen und Dienstleistungen rezensiert werden. All das stellt einen besonderen Wert für Werbetreibende dar, sodass man sich für seine Erfahrungsberichte auch von ihnen bezahlen lassen kann. Ebenso existieren sogenannte Affiliate- Angebote, bei denen man Provisionen für verkaufte Produkte erhält. Es gibt dafür automatisierte Werbeanbieter, die den Vorteil haben, dass man sich nach der Anmeldung um nichts mehr kümmern muss. Zusätzlich eigene Werbekunden zu suchen ist meist lukrativer, denn es entfallen die Zwischenhändler. Außerdem kann bereits die Erstellung der Texte und Fotos als Einmalzahlung abgerechnet werden und nicht nur die Darstellung des Artikels auf der Webseite. Davon leben kann man nur, wenn man seinen Blog über Jahre aufbaut und pflegt.

Man sollte also zu Beginn von dem baren Internet-Blog nicht mehr erwarten als ein anständiges Zubrot. Es gibt aber noch andere Möglichkeiten, die in Kürze auch noch besprochen werden sollen.

Was kostet eine Reise nach Peru?
Diese Frage stellt sich erst gar nicht, denn einen Reiseblog über Peru aufzubauen, ist nur interessant für Leute, die ohnehin öfter dort sind. Extra Geld für die Reisen zu investieren, nur um eine Webseite zu erstellen, wird sich kaum lohnen.

Nur wenn man zufälligerweise bereits Kunden hat, die einen nach Peru einladen oder aus anderen Gründen dort hinschicken, rechtfertigt das den Aufwand. Das ist keinesfalls ausgeschlossen, denn vorstellbar wäre es, beispielsweise als anonymer Hoteltester, Journalist oder Archäologe, Handlungsreisender, Location-Scout oder in anderer Funktion schon in Peru aktiv zu sein. Falls man keine derartigen Interessenten hat, wäre es keine schlechte Idee, sie zu kontaktieren, um für sie tätig zu werden.

Kann man Themen auch aus anderer Quelle bekommen?
Im Internet ist es zwar gängige Praxis, von anderen abzuschreiben, bei dem speziellen Thema Peru wird das aber kaum gelingen. Auch deshalb nicht, weil der User sehr schnell feststellen wird, dass es keinen informativen Mehrwert gegenüber anderen Seiten gibt. Demnach also auch keinen Grund, den Blog erneut zu besuchen. Einzigartiger Content ist nicht nur eine Bedingung der Suchmaschinen, er macht auch die Faszination für die Gäste der jeweiligen Webseite aus. Durch Neugier auf weitere

authentische Berichte gewinnt man sie als wiederkehrende Besucher.

Welches Equipment braucht man für einen Blog?
Bis auf die Webseite im Prinzip gar keines – abgesehen von dem, was der deutsche Normalbürger ohnehin schon hat, sprich einen Internetanschluss, eine Kamera und ein bisschen schriftstellerisches Talent. Letzteres hat nichts mit Literatur zu tun, sondern bezieht sich nur auf die Fähigkeit, fehlerfrei schreiben zu können, vielleicht noch garniert mit etwas Fantasie, Wortwitz oder Emotion. Daneben braucht es noch die Bereitschaft, sich mit der bunten Werbewelt des Internets auseinanderzusetzen, und das war's schon.

Was könnte man noch aus einem Blog machen?
Die Überschrift dieser Rubrik ist 'Reise-Blog'. Dabei muss es aber nicht bleiben. Natürlich ist es für europäische Ausländer sehr interessant zu erfahren, welche Sehenswürdigkeiten es in Peru gibt, welche Nationalgerichte gegessen werden und wie das Wetter ist. Das erfährt man aber auf jeder Peru-Webseite.

So etwas wie einen persönlichen Peru-Beratungsservice gibt es jedoch im Internet noch nicht. Dieser könnte, vielleicht sogar gegen eine Art Gebühr oder als kostenpflichtigen Download, individuelle Fragen klären.

Etwa ob und wo man seine persönlichen Medikamente in Peru bekommen kann, ob bestimmte Hotels für Rollstuhlfahrer geeignet sind oder ob es die Möglichkeit gibt, als Ausländer im Krankenhaus eine Dialyse zu erhalten. Das wären ein paar medizinischen Aspekte, es gibt jedoch noch viele weitere Fragen, die behandelt werden könnten. Zum Beispiel, welche Formalitäten nötig sind, um seinen Hund mitzunehmen, ob es erschlossene Skigebiete gibt oder wo man in einer bestimmten Region einen Helikopter mieten kann. Der Gedanke, für seine individuellen Recherchen Geld zu verlangen, ist zwar gerechtfertigt. Solche Fragen, die Spezialwissen erfordern, später völlig kostenlos zu beantworten, würde die Attraktivität und die Zugriffszahlen des Blogs jedoch noch mehr steigern.

Auch ein winziger, aber kontinuierlicher Gewinn durch einen Blog summiert sich über die Jahre. Eine wiederkehrend zu leistende Arbeit verspricht zwar einen einmaligen Rechnungsbetrag, wirkt aber nicht in die Zukunft.

Seinen Blog-Besuchern also direkt die Infos zu geben, ob sie auf ihrer Reise eine warme Mütze brauchen, Mückenspray mitnehmen sollten oder ohne Taschenlampe aufgeschmissen sind, wertet Autor und Webseite ungemein auf. Es bleibt aber trotzdem legitim, darüber nachzudenken, ob das beschriebene Gedankenexperiment sinnvoll sein könnte. Noch sind wir nicht so weit, dass private Internetnutzer für Spezialinformationen etwas bezahlen würden. Unternehmen sind dazu jedoch schon lange bereit.

Gibt es noch mehr Ausweitungsmöglickeiten?
Abgesehen von den Vermarktungsoptionen im Internet gibt es noch weitere Varianten, sein persönliches Wissen zu Geld zu machen. Es kann daraus beispielsweise ein Buch entstehen oder, vorausgesetzt, man ist im Besitz

einer einigermaßen hochwertigen Kamera, ein Bildband. Ist die Qualität der Fotos gesichert, darf man sogar daran denken, ein eigenes Bildarchiv zu eröffnen und Lizenzen zu verkaufen. Für einen Blog im Internet braucht man keine druckfähigen Fotos, im Gegenteil, sie sind sogar schädlich, weil sie die Ladezeiten enorm verlängern.

Eine hohe Auflösung ist jedoch nützlich, wenn man sich mit Vorträgen etwas dazu verdienen möchte. Auch hier könnte man die modernen technischen Möglichkeiten nutzen, um selbst gar nicht vor Ort sein zu müssen. Live-Video-Konferenzen waren nur in der Vergangenheit ein Problem, inzwischen funktionieren sie mit jedem Handy. Und die Übertragung lässt sich auf jeden Beamer oder Bildschirm übertragen.

Bed & Breakfast / Hostel
Andes Gocta Lodge

Ich sprach mit der Hotelmanagerin der Andes Gocta Lodge in Cochabimba. Ihre Aussagen helfen uns einzuschätzen, welche Maßnahmen und Investitionen für eine solche Geschäftsidee nötig sind. Ein Hostel oder Bed & Breakfast anzubieten ist natürlich billiger, sie berichtete jedoch über professionelle Hotel-Anlagen in der Art der Gocta Lodge.

Was kostet eine solche Immobilie in Peru?
Der Preis variiert sehr stark je nach Standort und der Frage, ob er schon erschlossen ist. Erreichbarkeit über Straßen, Infrastruktur, Strom, Wasser, Kanalisation oder die Anbindung an öffentliche Verkehrsmittel spielen also eine große Rolle. Selbstverständlich spielt auch die Nähe zu Sehenswürdigkeiten oder anderen touristischen Hotspots eine entscheidende Rolle. In der ländlichen Umgebung sind die Preise generell günstiger, in den Städten teurer. Doch auch der Wert von Grundstücken auf dem Land steigt rapide. Waren es vor drei Jahren noch 30 Soles pro qm, hat sich der Preis inzwischen vervielfacht.

Muss man eine Immobilie kaufen oder mieten?
Eine Immobilie kann gekauft oder gemietet werden. Die großen Hotelbetreiber mieten ihre Objekte fast immer, da ihr Hauptgeschäft die Übernachtung und nicht die Hausverwaltung ist. Dadurch entfällt etwa der Aufwand für Grünpflege, Reparaturen und andere Dinge, die mit dem Erhalt der Bausubstanz zu tun haben.

Der Richtwert für die Ausstattung eines Hotelzimmers

liegt bei ca. 5.000 US Dollar. Wer als Hotelbetreiber mehr als drei Sterne erreichen will, muss mit bis zu 20.000 Dollar rechnen. Mit Bed & Breakfast oder einem Hostel hat das dann nicht mehr viel zu tun.

Brauche ich dafür eine Genehmigung?
Es kommen zahlreiche Regeln zur Anwendung. Zunächst die Erlaubnis von Mincetur, dem 'Ministerio de Comercio Exterior y Turismo'.
https://www.mincetur.gob.pe/funciones-y-normatividad-2/normatividad/

Es gibt in Peru verschiedene Kategorien von Gasthäusern. Hotels, Hostels, Lodges und für Backpackers das Bed and Breakfast. Die 'Direccion Regional Centralizada de Turismo' kontrolliert die Qualität.
Von der Municipalidad (der Kommune) benötigt man eine Genehmigung, um in dem entsprechenden Gebiet ein Geschäft betreiben zu dürfen.

Ebenso muss eine Umsatzssteueridentifikationsnummer beantragt werden. Die sogenannte RUC (Registro Único de Contribuyentes) bekommt man bei der SUNAT. Darüber hinaus sind Arbeitsgesetze zu beachten, die das Ministerio de Trabajo vorgibt.

Wie viel Personal braucht man?
Ein Hotel mit 18 Zimmern hat im Durchschnitt 24 Mitarbeiter. Deren Aufgaben können aber auch variieren, wenn der Servicegedanke im Vordergrund steht. Es ist sogar ideal, wenn ein Koch nicht nur in der Küche steht, sondern auch Lebensmittel einkauft und andere Besorgungen macht oder Botengänge übernimmt. Oder wenn

das Zimmermädchen nicht nur Betten aufschüttelt, sondern auch mal Kartoffeln schält, wenn der Koch gerade unterwegs ist. Es ist unumgänglich, dass alle Hand in Hand arbeiten und sich für keine Arbeit zu schade sind. Ein Team, in dem nicht darüber diskutiert wird, wer wann die kaputte Glühbirne auswechselt, ist ein Trumpf zum Wohle des Gastes. Das gilt sicherlich auch für Hostels oder viel kleiner angelegte Zimmervermietungen. Es sollte immer jemand präsent sein und sofort handeln, wenn der Gast einen Wunsch äußert.

Gutes, serviceorientiertes und bezahlbares Personal zu finden ist nicht einfach. Denn oft kommen die Mitarbeiter aus anderen Landesteilen und müssen vor Ort untergebracht und verpflegt werden. Das stellt den Arbeitgeber vor die Entscheidung, sich entweder an diesen Kosten zu beteiligen oder große Abstriche bei der Motivation seiner Angestellten hinnehmen zu müssen. Meines Erachtens ist jedoch ein lächelnder, aber überbezahlter Angestellter mehr wert als einer, der sich vom Betrieb ausgenutzt fühlt.

Lassen sich die Einkünfte ausbauen?
Service ist das A und O. Der erste Ansprechpartner für einen Übernachtungsgast ist ohnehin sein Zimmerwirt. Und das in vielen Sprachen. Demnach bietet sich die Möglichkeit, weitere Leistungen auch selbst anzubieten. Oder solche Leistungen nur gegen Provision an die Durchführenden zu vermitteln. Veranstalter von Tagestouren können davon genauso profitieren wie der Restaurantbereich, bis hin zur gezielten Vermarktung einheimischer Waren. Auch sprachkundige Begleiter für Märkte, individuelle Touren oder Veranstaltungen werden immer häufiger von den Gästen nachgefragt.

Gibt es weitere Tipps?
Wenn man ortsfremd ist, sollte man sich in der Kommune und am Ort einbringen. Ansonsten entstehen möglicherweise Hindernisse im Geschäftsbetrieb. Denn ein nicht ansässiger oder sogar ausländischer Betreiber wird nur als willkommener Gast empfunden, wenn er sich genauso verhält wie seine eigenen Gäste. Es ist also auch keine schlechte Idee, seiner Kundschaft einen Verhaltenskodex mitzugeben.

Folglich ist es auch wichtig, die Kultur und die Gebräuche des Standorts zu kennen. Von einer guten Beziehung zur lokalen Bevölkerung profitiert nicht nur der Betreiber, sondern auch jeder Besucher.

Was gibt es sonst noch zu sagen?
Die Auslastung bei sehr gut geführten Hostels liegt bei 85-90 %. Dafür ist die Pflege der Einträge bei Portalen wie Tripadvisor und Konsorten sehr wichtig. Nachdem man eine Zielgruppenanalyse durchgeführt hat, darf man Kosten für Werbung und Marketing nicht scheuen.

Was noch? Abwasser muss aufgefangen werden, Müll ist zu trennen. Das gilt für alle, egal ob Hotel oder Hostel.

Tourismus

Manschettenköpfe aus Silber importieren

Zunächst etwas Allgemeines über Silber: Peru ist der zweitgrößte Silberproduzent der Welt. Aus diesem Grund haben fast alle Schmuckstücke oder Accessoires einen sehr hohen Feingehalt von 950. Diese Angabe besagt, dass der Silbergehalt bei 95 % liegt. Sterling-Silber hat lediglich 92,5 %, ist also 925er Silber. Dieser Wert ist mithilfe eines winzigen Metallstempels in jedes Schmuckstück eingeschlagen. Die sogenannte Punze bestätigt also die Echtheit des Produktes. Daneben gibt es noch Meister- oder Städtemarken oder solche, die Auskunft über die Epoche der Herstellung geben.

Wo liegen die Preise für Silber?
Silber ist nicht halb so wertvoll, wie man normalerweise denkt. Ein Gramm 950er Silber kostet weniger als 50 Cent. Ein Gramm 950er Gold hingegen über 35 Euro. Trotzdem profitiert Silber von dem sehr positiven Image eines erlesenen Materials und verkauft sich daher in Europa bestens.
Ein weiterer Vorteil des Importes aus Peru ist, dass der Silberpreis kaum ins Gewicht fällt, sondern vorwiegend die Arbeitszeit ausschlaggebend ist. Zusammengenommen kosten deshalb Silberprodukte dort im Durchschnitt nur ein Viertel dessen, was sie in Deutschland kosten.

Was macht ausgerechnet Manschettenknöpfe so interessant für den Import?
Es sind nicht nur Manschettenknöpfe, die eine besondere Zusatzmöglichkeit bieten. Auch Krawattennadeln, Ringe

Schmuck

137

oder Etuis haben eine wichtige Gemeinsamkeit. Sie alle besitzen eine glatte Oberfläche, die sich leicht personalisieren lässt. Und zwar durch Initialen, Logos, Embleme oder Wappen. Der Trend geht inzwischen wieder zu exklusiven Herren- Accessoires, wobei eine individuelle Gravur genau diese Exklusivität beweist. Ob man nur die Rohware in Peru bestellt und diese anschließend per Laser gravieren lässt oder ob das bereits in Peru erledigt werden kann, bleibt offen.

Fakt ist, dass man bereits für unter 500 Euro ein eigenes Laser-Gravurgerät kaufen kann. Abgesehen vom Gewinn durch die niedrigen Silberpreise in Peru steigern persönliche Monogramme den Wert enorm.
Eine Gravur selbst durchzuführen verringert auch das Risiko von fehlerhafter Ware aus Peru. Die Präzision ist mit Handarbeit nicht zu erreichen.
Das Thema in dieser Rubrik ist zwar ein anderes, doch hiermit ist möglicherweise ein neuer Exportschlager für Peru gefunden, und zwar Laser-Gravurgeräte, Computer und Programme zur Steuerung.

Weitere Details zur Umsetzung klärt der folgende Punkt, der ebenfalls von Silberprodukten handelt.

Silberschmuck wird hauptsächlich von den weiblichen Vertretern unserer Spezies getragen. Das bedeutet aber nicht, dass sie ihn auch hauptsächlich selbst kaufen. Stattdessen sind Schmuckstücke sehr oft Geschenke von Männern. Die Zielgruppe besteht folglich aus beiden. Der Geschmack der Männer sollte also insofern getroffen werden, dass sie glauben, das Schmuckstück könnte den Frauen gefallen.

Peru bietet hierfür die einzigartige Option, die Stücke zu designen und sie von Silberschmieden perfekt umsetzen zu lassen. Natürlich wäre es ebenfalls wirtschaftlich, nur traditionelle Motive zu vermarkten, die Gewinnaussichten bei außergewöhnlichen Gestaltungen sind jedoch weitaus höher.

Wo kann man Silberschmuck beziehen?
Es gibt ihn in verschiedenen Stadtteilen und auf den Märkten von Lima, ebenso in ausgewählten Städten der Anden wie zum Beispiel Huancayo oder Cuzco. Aber es ist natürlich ein großer Aufwand, die Stücke jedes Mal selbst auf den Märkten zu kaufen. Deutlich günstiger ist es, mit einem Silberschmied in Kontakt zu treten und von ihm direkt produzieren zu lassen. Demnach könnte man weitere Bestellungen auch aus dem Ausland ordern. Das geht natürlich auch per Briefpost, aber eine E-Mail ist natürlich deutlich schneller. Der Ratschlag wäre also, sich eine Werkstatt auszusuchen, die Zugriff auf das Web hat, sei es durch ein Internet-Café oder sogar über einen eigenen PC.

Falls der Handel mit Silberschmuck nicht nur ein Zubrot sein soll, sondern ein stabiles Einkommen generieren soll, darf man auch darüber nachdenken, einen PC an den entsprechenden Handwerker zu verschenken. Denn sicher ist, dass die meisten Umsätze inzwischen durch Online-Handel entstehen.

Wie kommen die Produkte nach Deutschland?
Luftfracht und Postpakete sind typische Versandarten für Silberschmuck. Die einzelnen Produkte sind klein und leicht. Allerdings ist auf den gesamten Warenwert des

Schmuck

139

Pakets zu achten, falls größere Bestellungen geordert werden.
Handelshindernisse gibt es auch bei Edelmetallen nicht, auch dafür gilt das Freihandelsabkommen mit Peru.

Gibt es Transportversicherungen?
Es gibt eine Juwelen-, Schmuck- und Pelzversicherung. Diese gilt auch für Silberschmuck. Gegen einen geringen Aufschlag kann das Paket bis zu einer Höhe von 25.000 Dollar versichert werden.

Wo könnte man den Schmuck via Internet verkaufen?
Das ginge beispielsweise über Etsy, Amazon Handmade, Ebay Kleinanzeigen und einige weitere Portale. Der Umsatz steht und fällt mit einer stilvollen Beschreibung und guten Fotos. Aber ebenso mit der Lieferzeit.

Der Artikel sollte innerhalb von 3 Tagen beim Kunden sein. Daher ist ein Vorrat in Deutschland von großem Vorteil, weil er die Versanddauer enorm verkürzt.

Wo könnte man die Schmuckstücke real verkaufen?
Gut geeignet sind einschlägige Veranstaltungen zum Thema Lateinamerika und Peru sowie bundesweite Handwerksmärkte. Solche finden regional und überregional an fast jedem Wochenende statt. Ebenso könnte man Kooperationen mit den Händlern anderer Produkte aus Peru anvisieren, zum Beispiel im Hinblick auf hochwertige Alpakawolle. Sich an Juweliere oder Modehäuser zu wenden ist zwar einen Versuch wert, doch es ist nicht ihr Kerngeschäft. Beide würden Beteiligungen oder Provisionen für die ausgelegte Ware verlangen, was den Gewinn schmälert. Dennoch ist das keine schlechte

Variante, um den Bekanntheitsgrad und die Nachfrage zu steigern, denn andere Maßnahmen sind deutlich teurer.

Könnte man das Geschäft noch ausweiten?
Silberschmuck aus Peru eignet sich ideal für den Verkauf im Internet. Es schadet aber nicht, das Business noch auf weitere Materialien und Produkte auszudehnen, die dort ebenfalls angeboten werden könnten.

Insbesondere traditionelle Materialkombinationen mit peruanischem Türkis, Quarz, Sodalith, Onyx oder Lapis-lazuli sind stark im Kommen, was diese Rohstoffe selbst zu verheißungsvollen Importgegenständen macht. Bleibt man bei Silber als Substanz, sind hochwertige Dinge wie Weinkorken, Bestecke oder Kaffee-Service als Replikate nach historischem Vorbild vorstellbar.

Denn Silberprodukte sind für jeden erschwinglich und können sehr lukrative Märkte bedienen. Nach diesen eher zufällig eingestreuten Beispielen lohnt es sich ohne Zweifel, diese Überlegungen weiterzuspinnen.

Worauf kommt es an?
Es ist immer die Frage, was man mit seiner Geschäfts-idee finanziell erreichen möchte. Das kann von einem ansehnlichen Taschengeld über ein anständiges Monats-gehalt bis zur Gründung eines Imperiums reichen. Allen Ansprüchen liegt ein Wunsch zugrunde: Man möchte Er-folg haben.

Aber nicht nur für Silberschmuck gilt, dass ein Produkt auch ein Alleinstellungsmerkmal haben sollte. Ist das nicht der Fall, ist man nur einer von etlichen Händlern, die im Prinzip das Gleiche verkaufen. Bislang ist der Import von peruanischem Silberschmuck noch eine Marktnische. Das wird aber vielleicht nicht ewig so bleiben. Also sollte zunächst dafür gesorgt werden, dass die bestehende Ware schon in irgendeiner Weise besonders ist und in zweiter Instanz bereits innovative Produkte für die Zukunft angedacht werden. Das wäre einer der wichtigsten Expertentipps.

DEKORATION

Verkauf von Bilderrahmen aus Silber

Bilderrahmen sind extrem weit verbreitete Dekorations-objekte. Kaum ein Zimmer oder Büro, in dem man kein gerahmtes Bild stehen oder hängen sieht. Das macht sie zu einem außerordentlich verheißungsvollen Produkt, weil die Nachfrage wohl auch nicht versiegen wird.

Was ist das Besondere an silbernen Bilderrahmen?
Ein silberner Bilderrahmen aus Peru setzt sich aus zwei wesentlichen Elementen zusammen. Der Kern besteht meist aus Holz, die Deckschicht ganz oder teilweise aus Silberblech. Beides sind natürliche Materialien, die dem Bilderrahmen eine ganz besondere Note geben. Der Wert ermittelt sich aus drei Komponenten. Erstens die Menge an Silber, zweitens die Arbeitszeit und drittens die künst-lerische Ausführung. Die meisten Bilderrahmen sind so konstruiert, dass sie wahlweise aufgehängt oder aufge-stellt werden können. Bei größeren Formaten entfällt die letztgenannte Möglichkeit.

Wo kann man diese Rahmen beziehen?
Es gibt viele Bezugsquellen für derartige Bilderrahmen. Grundsätzlich liegt der Preis umso höher, je schwieriger die Ware zu beschaffen ist. Am niedrigsten sind die Kos-ten, wenn man diese Bilderrahmen im Landesinneren kauft, der sogenannten „Provincia". Zum Beispiel in Hu-ancayo oder anderen Anden-Städten gibt es zahlreiche Familienbetriebe, die Bilderrahmen herstellen. Die Dauer der Reise, die Höhenunterschiede und die Transportrisi-ken auf dem Weg nach Lima machen den Einkauf ziem-

Dekoration

143

lich komplex. Der Aufwand kann sich jedoch lohnen, wenn man größere Mengen erwerben möchte.

Der Einkauf in der Hauptstadt Lima ist deutlich einfacher zu organisieren. In bestimmten Stadtteilen haben Familienbetriebe ihre Ausstellungsräume. Ein Beispiel ist Surquillo. Dort finden sich etwa zwanzig Hersteller, die Produkte aus Silber anbieten. Größere Chargen werden auf Vorbestellung zuverlässig produziert. Da man den Zeitaufwand für Reise und Transport einspart, ist es doch noch ein sehr gutes Preis-Leistungsverhältnis.

Eine weitere Alternative in Lima sind die sogenannten „Inka-Märkte". Hier werden den Touristen handwerkliche Arbeiten von Bildern über Schuhe und Textilien bis zu Gegenständen aus Silber angeboten. Ein Beispiel dafür ist der Stadtteil Miraflores. Im Vergleich zu Deutschland sind die Produkte immer noch günstig, jedoch etwa 20 % teurer als in Surquillo.

Kann man die Echtheit irgendwie prüfen?
Produkte aus Silber erhalten grundsätzlich weltweit eine Prägung. Man schaue einfach nach einer Punze mit der Zahl „950". Ist die Zahl kleiner, ist auch der Silbergehalt niedriger. Ein weiterer Weg ist die Prüfung mit einem Magneten, denn Silber hat keine magnetischen Eigenschaften. Beim Test mit Eiswürfeln ist zu beobachten, dass das Eis sofort schmilzt, weil Silber eine sehr hohe Wärmeleitfähigkeit besitzt. Weitere Methoden sind Säure- oder Bleichmitteltests.

An wen könnte man sie verkaufen?
Die Bilderrahmen eigenen sich hervorragend für den On-line-Verkauf. Andere Abnehmer könnten auf Innenausstattung und Dekoration spezialisierte Läden sein. Galerien, Juweliere oder Fotogeschäfte wären ebenfalls mögliche Ansprechpartner. Und wie bereits beim Thema Schmuck erwähnt, einschlägige Festivals, Märkte und Veranstaltungen zum Thema Lateinamerika oder Peru.

Auch hier könnte man das Geschäft noch ausweiten, beispielsweise durch den Verkauf von Sondergrößen, Tabletts, Schüsseln, Untersetzern, Lama-Figuren oder Spiegeln. Eine Vielzahl von weiteren Accessoires ist denkbar.

Dekoration

Verkauf von traditionellen Kunstwerken aus Cuzco

Ein Blick in die peruanische Kunst-Szene.

Wo findet man Interessenten für peruanische Kunst?
Fangen wir mit dem an, was wohl niemand erwartet. Kunsthandwerk und Bilder zu kaufen ist natürlich die klassische Variante. Was jedoch ziemlich unbekannt ist, ist die Tatsache, dass man die Werke auch vermieten kann. Nicht immer möchten die Kunden dasselbe Bild jahrzehntelang an der Wand hängen haben. So gibt es in der modernen Zeit einen Trend, den Empfangsräumen oder Foyers etwas Abwechslung zu gönnen und einen Satz Bilder einfach zu mieten. Bei großen Unternehmen mit viel Publikumsverkehr, Banken und Arztpraxen ist das ein immer häufiger genutzter Service.

Auch bei kunsthandwerklichen Produkten sollte man nicht zu eng denken. Von der Studioausstattung oder den Requisiten für Filme bis zur Mottoparty könnten solche Gegenstände auch vermietet werden. Das wäre dann ein wiederkehrendes Einkommen, sofern man genügend Kunden dafür findet.

Der einzige zusätzliche Aufwand dabei: Man bräuchte gegenfalls ein Lager und Personal für die Umdekoration oder den Ausstellungswechsel beim Kunden.

Wer käme außerdem als Käufer infrage?
Das sind zum Beispiel Galerien oder Museen. Sehr viel einfacher zu erreichen sind jedoch Sammler oder Endkunden, die die Stücke eher als Wohnungsdekoration betrachten. Sowohl peruanisches Kunsthandwerk als auch

Malerei hat einen enormen Charme und faszinierende Strahlkraft. Die Idee, sich mal ein südamerikanisches Zimmer einzurichten, ist nicht neu und verspricht auch Kundschaft im niedrigpreisigen Segment.

Außerdem können Autoren davon profitieren. Ob es nun um den Titeleinband eines entsprechenden Buches oder um eine Serie von Bildern im Innenteil geht. Egal ob Illustrationen oder Fotos von thematisch passenden Gegenständen.

Auch Firmen nutzen peruanische Kunst gerne zur Imagedarstellung. Dabei muss das Unternehmen nicht unbedingt etwas mit Peru oder Südamerika zu tun haben, denn allein die Darstellung ausländischer Kunst zeigt Weltoffenheit. Zum Kundenkreis könnten also auch Rathäuser, Kirchen. öffentliche Einrichtungen wie etwa Gemeindezentren, Bildungswerke, Krankenhäuser, aber auch Hotels zählen.

Muss man die Werke aus Peru auf Verdacht kaufen?
Nein, man kann sie auch fotografieren lassen und erst ordern, wenn es einen Kunden dafür gibt. In Peru gibt es professionelle Fotografen als Freelancer. Einige sind entweder deutschsprachig oder gebürtige Deutsche. Sie erledigen diese Auftragsarbeit.

Eine weitere Möglichkeit wäre es, gar nicht selbst zu kaufen, sondern einfach nur zu vermitteln. Sozusagen als Makler. Hierbei geht man überhaupt kein finanzielles Risiko ein. Auch wenn die Vermittlungsgebühr ausbleibt, hat man nur etwas Zeit verloren, um dem Käufer das Werk schmackhaft zu machen. Den geringen Kostenan-

Dekoration

teil für andere verkaufsfördernde Maßnahmen rechne ich dabei jetzt mal nicht mit. So wurden bisher die Präsentationsfotos in Postkartengröße gedruckt und den Interessenten gezeigt. In der heutigen Zeit läuft das per Tintenstrahler auf Fotopapier und kostet weniger als 50Cent pro Exemplar.

Sollte man dazu eine Webseite haben?
Eine Internetseite ist ein wesentliches Standbein, um die Bilder zu präsentieren. Denn niemand wird etwas kaufen, von dem er nichts weiß. Man kann etliche Telefonate führen, zig Euro Porto für Hunderte Briefe investieren oder täglich Klinken putzen gehen. Eine Webseite ist 24 Stunden am Tag im Netz und ist somit die effektivste Möglichkeit, sich selbst zu verbreiten.

Außerdem stellt sich nicht mehr die Frage, ob man bereits zu Beginn einen gedruckten Katalog braucht. So ein Hochglanz-Printprodukt zählt zum guten Ton auf Ausstellungen und Vernissagen, auf einer Webseite kann er jedoch als digitaler Download hinterlegt werden. Bequem als PDF oder in einem anderen gängigen Datenformat.

Könnte man in Deutschland Vernissagen arrangieren?
Vernissagen und Ausstellungen sind ein gut geeignetes Mittel, um Verkäufe zu generieren. Sie sind als Einzel- oder Sammelausstellungen möglich. So eine Veranstaltung bedeutet natürlich einen erheblichen Aufwand, er kann sich aber durchaus auszahlen.

Neben dem Zeitaufwand für die Organisation des Events sind möglicherweise noch einige finanzielle Kosten zu tragen. So zum Beispiel vielleicht eine nötige Rahmung,

das Arrangement in unvorbereiteten Räumen, der Transport oder der Abschluss einer Versicherung. Allerdings findet sich auf Ausstellungen auch der dichteste Prozentsatz von Käufern, denn die meisten von ihnen kommen aus echtem Interesse dorthin. Bei landesspezifischer Kunst kommen als Ausstellungsorte natürlich zuerst Konsulate und Botschaften in den Sinn. Von Vorteil ist, dass unter den geladenen Gästen niemand ist, der sich ein solches Kunstwerk nicht leisten könnte. Der Nachteil ist, dass die Besucherzahl sehr begrenzt ist.

Öffentliche Ausstellungen hingegen erreichen ein viel breiteres Publikum. Infrage kommen zum Beispiel städtische Bibliotheken oder Kulturvereine. Die Besucher im öffentlichen Raum haben sicher nicht die gleiche Kaufkraft, dafür sind es aber deutlich mehr.

Was ist sonst noch wichtig?
Formatgerechte Kunstdrucke werden übrigens mit etwa 10 % des Preises für ein Original verkauft. Das bedeutet, dass es auch für Replikate Abnehmer gibt. Da die peruanischen Werke meist ohnehin für den Verkauf fotografiert werden müssen, ergibt sich eine weitere Möglichkeit, nämlich nicht die Kunstwerke selbst zu kaufen, sondern nur die Nutzungsrechte. Schließlich kann man ein Original nur ein einziges Mal verkaufen, eine Reproduktion hingegen unbegrenzt oft. Damit ist möglicherweise ein weiterer Markt gefunden.

Dekoration

Kunsthandwerkliche Produkte aus Keramik

Für den Import peruanischer Keramikwaren gilt im Prinzip das Gleiche wie in den vorigen beiden Rubriken. Die Bedingungen sind ähnlich und die Umsetzung der Maßnahmen vergleichbar.

Der Begriff 'Peruanische Keramik' verleitet jedoch dazu, nur an grobe Töpferware zu denken. In Wahrheit ist die Produktpalette jedoch geradezu immens. Daher sollte man zunächst darüber nachdenken, welche Erzeugnisse überhaupt interessant sein könnten. Interessant ist schon einmal der unschlagbare Einkaufspreis, der in Peru gewährt wird. Er resultiert aus den für europäische Verhältnisse niedrigen Löhnen. Diesen Umstand muss man jedoch nicht ausnutzen, sondern kann ihn sogar durch faire Bezahlung als Verkaufsargument nutzen. Auf der anderen Seite profitieren die peruanischen Arbeiter, die ohne Wiederverkäufer ihrer Produkte gar keine Zusatzeinnahmen hätten. Womit wir schließlich dazu kommen, was diese Arbeiter zu leisten in der Lage sind.

Was könnte man aus groben Töpferwaren entwickeln?
Wer schon einmal in der Gartenabteilung eines Baumarkts war, wird sicher etliche Erzeugnisse aus Ton entdeckt haben. Die Bandbreite reicht von schmucken Blumentöpfen über unglaublich viele Dekorations-Artikel für den Garten bis zum sogenannten Azteken-Ofen.

Das ist eine traditionelle mittelamerikanische Konstruktion, sie wird aber auch Inka-Ofen genannt. Selbiger eröffnet aus zwei Gründen eine besondere Chance. Einerseits fällt auf, dass die Terracotta-Produkte in der

Regel nicht glasiert sind, was bedeutet, dass sie Wasser aufnehmen und dass das Material platzt, wenn es im Winter vereist. Andererseits ist die Bauweise eines Inka-Ofens der eines handelsüblichen Grills weit überlegen. Auch solchen mit GS oder TÜV-Zertifikat. Und zwar deswegen, weil das Feuer gegen Windböen geschützt ist. Darüber hinaus gibt es einen Schornstein, der einen Kamineffekt erzeugt und die Glut automatisch anheizt. Die wenigsten Inka-Öfen sind auf das Grillen ausgelegt, weil sie bei Befeuerung mit Briketts oder Kohle Schaden nehmen könnten. Das liegt jedoch nur an der minderen Qualität. Dafür geeignete Exemplare existieren schon seit Jahrhunderten, sie korrekt nachbauen zu lassen erlaubt ein ehrliches Marketingversprechen: „Grillen auf dem Balkon wird sicherer".

Es soll aber nicht der Inka-Ofen im Vordergrund stehen, sondern das Resultat der gemachten Beobachtungen. Die meisten Gartenartikel aus Terrakotta überstehen den ersten Winter nicht. Eine wasserfeste Glasur hochwertiger Produkte aus Peru kann das verhindern und ein wichtiges Argument für eine Kaufentscheidung sein.

Diese Passage dient also dazu, auch bei allen anderen Produkten zum weiteren Nachdenken anzuregen. Der Markt für dekorative Gartenartikel ist bemerkenswert und eröffnet ungeahnte Möglichkeiten.

Was wäre mit wasserfesten Keramikprodukten möglich? Was fällt eigentlich unter Keramik? Das ist gebrannter Ton, das ist Steinzeug und das ist Porzellan. Hierbei sind die peruanischen Quellen eher mager, also beschränken wir uns auf das Kunsthandwerk. Ohne Zweifel drängt sich sofort eine komplette Küchen-

Dekoration

151

ausstattung auf. Also Teller, Tassen, Krüge, Schalen und so weiter. Vasen und Untersetzer sollte man auch nicht vergessen, sie zählen aber auch zu den eher gewöhnlichen Gegenständen, die man aus Peru beziehen kann. Ihre individuelle Gestaltung ist zwar höchst ansprechend, aber das reicht nicht unbedingt, um so viele Verkäufe wie möglich zu generieren. Auch hier könnte eine antike Technik bemerkenswerte Effekte erzielen.

Als Vorführobjekt dient dabei ein traditioneller Apfelwein-Krug, über den sich schon so mancher gewundert hat. Denn auf magische Weise bleibt der Inhalt selbst im heißesten Sommer kühl. Wie funktioniert das und inwiefern kann uns dieser Umstand nützen?
Zunächst zur Funktionsweise: Das Gefäß besteht aus Steinzeug, das nicht zu 100 % wasserdicht ist. Deshalb diffundiert Feuchtigkeit durch die Nano-Poren und erzeugt bei der Verdunstung Kälte. Darüber hinaus ist Ton ein sehr guter Isolator, der vor der Hitze von außen schützt. Zusammengenommen sind die Eigenschaften des historischen Keramikprodukts nicht nur ein Beitrag im Kampf gegen den Klimawandel, sie überzeugen auch alle Ausflügler, ersetzen sie doch die mobile Kühlbox fürs Auto, und das ganz ohne Stromquelle. Weitere Dinge dieser Art könnte man wieder aufleben lassen, wenn sie in Peru produziert würden.
Die bereits existierenden Waren aus Peru sind ebenfalls sehr attraktiv für den Handel, daran besteht kein Zweifel. Die Bandbreite der möglichen Produkte aus Keramik ist damit aber noch nicht zu Ende. Denn wenn die Artikel zu 100 % wasserdicht sind, darf man auch an Sanitärprodukte nicht ausschließen. An komplette Badausstattungen wie Bidet und Badewanne zu denken, wäre etwas

verfrüht, doch von Deko-Fliesen bis zu Seifenschalen gibt es Unmengen von Accessoires für Nasszellen, Saunas und Feuchträume. Die nötige Inspiration für eine erfolgreiche Geschäftsidee liegt oft nicht weit von den eigenen Bedürfnissen.

Was wäre an kleinteiliger Keramik denkbar?
Ton ist der Kunststoff der Antike. Man konnte aus dem billigen Rohstoff alles formen, pressen oder modellieren, was auch immer vorstellbar war. Der einzige Grund, nicht wirklich alles daraus zu machen, sind die Materialeigenschaften und der aufwendige Brennprozess. Ton in größeren Dimensionen bleibt immer bruchanfällig, bei kleinen Elementen ist das anders. Die dürfen ruhig mal auf den Boden fallen. Das bringt uns dazu, aufzuzählen, welche bemerkenswerten Produkte sowieso schon angeboten werden und welche nicht.

Der vielversprechende Sektor des Modeschmucks wurde bisher völlig ausgeblendet, obwohl es allerlei traditionelle Schmuckdesigns gibt. Farbenfrohe Ketten und Armreife werden genauso verkauft wie einzelne Perlen für den DIY-Bereich (Do-It-Yourself). Diesen riesigen Markt übergehen wir aber hier einfach mal und kommen zu einem neuen, nämlich dem der Spiele. Gespielt wird immer und überall, unabhängig von Alter, Geschlecht oder Herkunftsland. Der Gedanke liegt also nahe, vielleicht nicht nur Spielbretter aus Keramik zu produzieren, sondern auch die Spielfiguren. Für einen vollständigen Satz Schachfiguren kann man eine vierstellige Summe ausgeben, das muss man jedoch nicht. Ab 15 Euro bekommt man billigere aus Holz. Woher es stammt, wer es unter welchen Bedingungen womit bearbeitet hat, weiß man nicht. Bei aus Keramik produzierten Spielsteinen besteht jedoch kein Zweifel an der Nachhaltigkeit. Es braucht dazu nämlich keinerlei Maschinen wie Fräsen oder Drechselbänke. Lediglich eine Modellform ist nötig, die für unzählige Exemplare reicht. Als Beibrand im Ofen mit größeren Objekten kann man noch nicht einmal von einem nennenswerten Energieaufwand sprechen. Stattdessen werden die Befeuerungsrohstoffe effektiver genutzt. Ein Großteil der Klassiker wie Mühle, Dame, Halma oder Mensch-ärgere-dich-nicht funktionieren nur mit Spielsteinen.

Doch auch dieses Konzeptbeispiel soll nur verdeutlichen, wie man ungeahnte Abnehmer für ein mögliches Produkt finden kann. Ohne Zweifel dürften viele Hersteller von global vertriebenen Gesellschaftsspielen großen Gefallen daran finden, sich mit dem verkaufsfördernden Prädikat der Umweltverantwortung zu schmücken.

Was sollte man bei Replikaten beachten?
Zuallererst, dass sie viel teurer in der Produktion sind, weil nach Vorlage gearbeitet werden muss. Denn antike Stücke sind oft nicht auf einer Töpferscheibe entstanden, sondern wurden frei geformt. Es braucht erfahrene Handwerker mit künstlerischem Gespür, wenn es darum geht, Kultgefäße oder Masken nachzuempfinden.

Trotz des einzigartigen Reizes solcher Objekte dürfte die Kundschaft dafür weitaus geringer sein als für Gegenstände des täglichen Gebrauchs. Darüber hinaus könnte es bei der Ausfuhr immer wieder zu Verwechslungen mit echten Antiquitäten kommen, die absolut illegal ist. Man kann also solche Stücke nicht einfach auf den Märkten kaufen, sondern braucht unbedingt einen unanfechtbaren Herkunftsnachweis.

Beratung für den Umweltschutz
Joachim Böhnert

Joachim Böhnert ist Agrar-Ingenieur. Er ist seit vielen Jahren im Bereich des Umweltschutzes tätig und Mitbegründer einer Agentur für Umwelttechniken. Sie heißt Greentechperu. Als Unterstützer weiterer privat finanzierter Projekte kennt er sich in diesem Sektor aus.

Welche Bedingungen sind in Peru gegeben?
Die Notwendigkeiten sind durch die zum großen Teil extremen Umweltzerstörungen gegeben oder auch durch legale und illegale Minen, Raubbau an natürlichen Ressourcen und so weiter. Die rechtlichen Voraussetzungen, um für eine Firma tätig werden zu dürfen, sind in Peru sicherlich nicht so einfach zu erfüllen. Aber dies gilt sicherlich auch für andere Gebiete. Die GIZ hat staatliche Abkommen und befasst sich in ihren Programmen wie zum Beispiel ProAmbiente (www.proambiente.org.pe) mit Problemen im Bereich der Umwelt, aber natürlich mit der zeitlich begrenzten Finanzierung der deutschen Entwicklungshilfe. Hier beschränkt man sich zum Teil nur auf die Erstellung schicker Publikationen, die für die Aufklärung wichtig sein mögen, aber in der Praxis oft nicht viel bewirken. Die Frage bleibt offen, wie sich daraus Geschäftsmodelle entwickeln lassen.

Welche Disziplinen des Umweltschutzes sind für Peru interessant? (Gewässerschutz, Müll, Agrarsektor, Aufforstung, Artenschutz etc.)
Aufgrund der Diversität und geografischen Verschieden-

heit innerhalb des Landes eigentlich alle. Also Gewässerschutz, Müll, Agrarsektor, Aufforstung, Artenschutz u. v.
m. In der Aufforstung gibt es einige Beispiele in der
Amazonas-Region, allerdings mehr mit Monokulturen wie
z. B. Ölpalmen. Interessant ist hier die Alternative des
Agro-Forstes, wie etwa im organischen Kakaoanbau zusammen mit Bäumen. Die Schokoladen- Firma RITTER
baut in Nicaragua ihren Kakao in dieser Kulturform auf
dem eigenen Land an. Möglicherweise ist das auch ein
interessantes Modell für Peru.

Ein sehr wichtiges Thema für die Küstenregion und Lima
ist das Thema Wasserwirtschaft. Hier ein Beispiel der
GIZ www.proagua.org.pe in den Bereichen Wasser und
Abwasser. Auch die Initiative www.vetiver-peru.com von
meinem Kollegen Alois Kennerknecht und mir geht in
diese Richtung und schließt vor allem Boden- und Was-
serkonservierung in der Landwirtschaft mit ein.

Wer sind die potenziellen Kunden?
Besonders die trockene Küstenregion mit ihrer großen,
auf den Export ausgerichteten Landwirtschaft bedienen
sich wasserverschwendender Anbaumethoden und Tech-
niken. Für die riesigen Anbauflächen für Weintrauben,
Mangos, Spargel usw. besteht ein hoher Bedarf an Beratung und Technologie-Transfer. In diesem Bereich sollten die meisten Kunden zu finden sein!

Es gibt zum Beispiel einige Modelle des organischen
Weinanbaus mit Bodenbedeckung, Mischkulturen oder
Ähnlichem, die von einem Teil der Kunden hoch geschätzt und gefördert werden. Vor allem im Hinblick auf
weitere Umweltaspekte, wie dem Schutz der Bienen.

Ein Bereich, der insbesondere interessant für mittelständische Betriebe ist und durch nationale und internationale Umweltschutzorganisationen sowie durch Entwicklungshilfe unterstützt wird.

Woher bekommt man die neuesten Informationen und Studien über Umweltschutzssysteme?
Beim staatlichen Ministerium für Umwelt
www.minam.gob.pe
Von 2003 bis 2008 arbeitete ich mit einer Abteilung des Ministeriums für Umweltberatung zusammen, der 'Intendencia de Áreas Naturales Protegidas' (SERNANP) www.sernanp.gob.pe
Dort gibt es viele Infos zu Artenschutz, Tourismus in und um Nationalparks und einigen anderen Themen.

Oft noch wichtiger, weil sie unabhängig agieren, sind nicht-staatliche Organisation wie:
Sociedad Peruana de Derecho Ambiental (SPDA)
www.spda.org.pe
ProNaturaleza - Perú www.pronaturaleza.org Centro para la Sostenibilidad Ambiental (CSA) www.csa-upch.org
Und natürlich viele weitere.

Woher bekommt man Informationen über Low-Tec Umweltsysteme, z. B. antiken Terrassenbau, Terra-Preta oder Bewässerung?
Es gibt eine Reihe von Forschungen peruanischer und ausländischer Forscher und ihrer Institutionen zu diesen Themen. Da muss man etwas recherchieren und es ist ein lohnender Gedanke, mal etwas einfacher zu denken.

Interessant ist vor allem Terra-Preta! Obwohl dieses Erzeugnis aus Schwarzerde ja aus dem Amazonas (Brasilien) kommt, ist es in Peru, nach meiner Kenntnis, kaum bekannt – im Gegensatz zu Europa oder den USA, wo es ganze Netzwerke und Arbeitsgemeinschaften hierzu gibt. Ein Beispiel wäre: www.ithaka-institut.org/de

Als wachsende Anbau- und Exportnation von landwirtschaftlichen Erzeugnissen hat Peru einen ständig steigenden Bedarf an Humus und Schwarzerde. Kunstdünger tritt auch beim intensiven Gartenbau von Gemüse oder Beeren immer mehr in den Hintergrund. Die Herstellung und der Verkauf von Terra-Preta-Produkten könnte ein interessanter Geschäftsansatz für Peru sein, auch weil es den Ansatz des biologischen Landbaus fördert.

Aber weil das Thema Umweltberatung so komplex ist, sollte man nach Möglichkeit auch noch andere Kollegen dazu befragen. Vielleicht sehen sie das ein oder andere aus einem anderen Blickwinkel oder haben sogar schon Erfahrung mit alternativen Konzepten.

Frische Ideen für den Umweltschutz sind immer gefragt, insbesondere aber auch zum Thema Finanzierung. Sich bei einer Firma oder Institution zu bewerben, ist die eine Option. Eine andere Möglichkeit wäre es, eigene Projekte aufzuziehen und durch Crowdfunding oder Spenden zu realisieren.

Der Bergbau hat traditionell eine herausragende Bedeutung für die Wirtschaft Perus. Etwa 50 % der Export-Erlöse stammen aus diesem Sektor. Er repräsentiert 25 % der ausländischen Direktinvestitionen, etwa 20 % der

Steuereinnahmen und 15 % des Bruttoinlandsprodukts. Gleichzeitig hat dieser Sektor eine Reputation als „schmutzige" Industrie, welche die Biodiversität zerstören kann. Als Konsequenz sieht sich der Sektor strengen Umweltauflagen und zivilen Protesten gegenüberstehen. Der Umweltingenieur mit seiner Fachkompetenz wird insbesondere rund um den Bergbau benötigt.

Die chemische Industrie mit Düngemitteln, Kunstfasern und pharmazeutischen Produkten verzeichnet gute Wachstumsraten. Hier findet sich insbesondere das Thema Abfall wieder. Gleiches gilt für das verarbeitende Gewerbe: Verarbeitung und Aufbereitung von Erzen, Textilsektor, Holz- und Papierbranche, Metallverarbeitung und Agroindustrie.

Dienstleistungen mit dem größten Potenzial finden sich in der Bildung (Universitäten und Institute), der Logistik und der Umwelt.

Der Nahrungsmittelsektor bietet für Umweltingenieure Chancen in den Bereichen der Herstellung von Getränken, Molkereiprodukten, Pflanzenölen, Fleisch- und Fischkonserven, Fischmehl und der Zuckerrohrverarbeitung. Ein Winzer benötigt ebenfalls das Know-How von Umweltingenieuren, nämlich in allen Belangen rund um das Industrieabwasser.

Ein weiterer interessanter Sektor ist der Tourismus und hierbei insbesondere das Hotelgewerbe. Um internationale Touristen für Peru zu begeistern, ist ein nachhaltiger Tourismus ein Muss.

Umwelt

Der Fischereisektor hat etwas an Bedeutung verloren, obwohl die mehr als 2 000 km lange peruanische Küste zu den fischreichsten Gebieten der Welt zählt.

Lokale Unternehmen im Bereich der Umweltberatung sind beispielsweise: CHC GROUP INGENIERIA Y CON-STRUCCION SA Compañia Minera San Valentin S.A.

Constructora Málaga Hnos. S.A. GLOBAL ENGINEERS S.A GRV Consulting H2O CONTRATISTAS GENERALES SAC Shesa Consulting S.A.

ICCGSA GLOBAL ENGINEERS S.A,

Kooperationsmöglichkeiten im Bereich der Wissenschaft bietet der nationale Rat zur Wissenschaftsförderung CONCYTEC. Dies ist eine führende Institution im Sistema Nacional de Ciencia y Tecnología e Innovación Tecnológica, SINACYT und besteht aus einer Akademie, den staatlichen Forschungseinrichtungen, den Unternehmerverbänden, den Gemeinden und der Zivilgesellschaft.

CONCYTEC hat folgende Ziele: Normieren, Leiten, Orientieren, Fördern, Koordinieren, Überwachen, hinzu kommt die Beurteilung von Aktionen des Staates im Bereich der Wissenschaft, Technologie und technischen Innovation. Eine weitere Aufgabe besteht darin, die eigene Entwicklung zu fördern und anzutreiben, beispielsweise durch konzertierte Aktionen, durch die Komplementarität zwischen Programmen und Projekten der öffentlichen Institutionen, Akademien, Unternehmerschaft, Sozialorganisationen und eingebundene Personen von SINACYT.

Interessenvertretung
Die Asociación Peruana de Ingeniería Sanitaria y Ambiental (APIS) ist eine technisch-wissenschaftliche und kulturelle Organisation ohne Gewinnerzielungsabsicht. Sie ist Anlaufstelle für berufliche Fachkräfte der Umwelttechnik und des Umweltingenieurwesens sowie für Fachkräfte ähnlicher Gebiete, die damit zu tun haben oder sich dafür interessieren. Die Ziele liegen in der Weiterentwicklung und Begünstigung der Umwelttechnik und des Umweltingenieurwesens in Peru, durch den Austausch von Wissen, Weiterbildung, professionelle Ausbildung und Untersuchungen, um das Fachkräfteniveau weiterzuentwickeln. All das unter Beachtung der technischen, wirtschaftlichen und sozialen Entwicklung der peruanischen Bevölkerung.

Umwelt

04 Stolpersteine auf dem Inka-Trail
Wichtige Rahmenbedingungen

Die Architektur des Erfolges beginnt mit einem soliden Fundament. Es kommt dabei auf eine systematische und strukturelle Umsetzung an. Ich habe am Ende meines Buches „33 Geschäftsideen für Peru" drei Umsetzungsschritte mit aufgenommen, um die Menschen zum Tun zu bewegen. Bevor man jedoch in Aktion tritt, um ein eigenes Geschäft zu gründen, sollte man eingehende Überlegungen anstellen. An welche Punkte man dabei denken sollte, klärt dieses Kapitel.

Ich möchte mit einer Geschichte beginnen. Mich schrieb einmal ein mit einer Peruanerin verheirateter Deutscher aus Berlin an. Er wollte Lebensmittelprodukte von Peru nach Deutschland importieren und dort an Geschäftskunden verkaufen. Er hatte sich bereits intensiv mit seiner Geschäftsgründung beschäftigt. Die ausgewählte Rechtsform war die GmbH. Was ihm fehlte, war ein erfahrener Blick, um zu entscheiden, ob er das richtige systematische Vorgehen gewählt hatte. Wir trafen uns persönlich in Lima-Miraflores und tauschten uns aus. Was ich von ihm erfuhr, überzeugte mich. Er war sehr gut vorbereitet und hatte sein Geschäftsmodell sehr gut strukturiert. Er hatte auch Glaubenssätze entwickelt, also eine innere Einstellung, die ihn später zu einem erfolgreichen Unternehmer werden ließ.

Orientierung

Fragen Sie sich deshalb auch, wer Sie wirklich sind, was Sie können und vor allem beantworten Sie sich ganz ehrlich die Frage: „Was will ich?" Es ist unnötig, darauf hinzuweisen, dass bei jedem etwas anderes herauskommen wird, wenn er sich die folgenden Fragen selbst beantwortet. Sie sind außerordentlich hilfreich, um festzustellen, wo man wirklich steht. Beantworten Sie die Fragen einmal im Jahr. Dies bildet den Ausgangspunkt für weitere Überlegungen in Richtung Selbständigkeit oder Unternehmertum.

Ihre Visionen und Werte
Welche Vision haben Sie für Ihr Leben?
Welche Werte sind Ihnen in Ihrem Leben wichtig?
Welche Glaubenssätze geben Ihnen Orientierung?

Ihre Fähigkeiten
Über welches spezielle Wissen oder welche Fähigkeiten verfügen Sie?
Welche Projekte konnten Sie in der Vergangenheit erfolgreich abschließen und wie haben Sie das erreicht?
Welches Image haben Sie bei Freunden, Kollegen oder Bekannten und was traut man Ihnen zu?

Ihre Talente
Welche Stärken haben Sie, die exzellent, durchschnittlich oder eher unwichtig sind?
Welche Spezialgebiete ergeben sich unmittelbar aus Ihren speziellen Stärken?
Welche Probleme können Sie mit den speziellen Stärken lösen?

Ihre Spezialgebiete im Markt
Auf welchen Spezialgebieten wären Sie gerne aktiv?

Auf welchen Spezialgebieten können Sie der Beste sein oder einer der Besten sein? Auf welchem Spezialgebiet ist Ihre Eigenmotivation am höchsten?

Ihre möglichen Zielgruppen im Markt
Welche Zielgruppen passen grundsätzlich zu Ihren Spezialgebieten?
Für welche Zielgruppen sind Sie durch Ihre speziellen Talente am besten geeignet?
Welche Zielgruppen entsprechen Ihren möglichen zeitlichen und finanziellen Kapazitäten?

Ihre Ideen für ein Geschäftsmodell
Auf welchem Ihrer Spezialgebiete könnte die Nachfrage am größten sein?
Bei welcher Zielgruppe ist der Bedarf am dringlichsten?
Welcher Zielgruppe können Sie durch Ihre individuellen Talente in Ihrem Spezialgebiet den größten Nutzen bieten?
Mit welcher Zielgruppe haben Sie gleichzeitig am liebsten zu tun?

Standortwahl

In welchem Land melde ich mein Business an?
Ich empfehle Ihnen, ihr Business in dem Land anzumelden, in dem Sie sich hauptsächlich aufhalten. Wohnen Sie also in Deutschland, dann gehen Sie zur Kommune und melden Ihr Gewerbe dort an. Danach erhalten Sie vom Finanzamt Post mit Ihrer Steuernummer. Sie haben

kurze Wege, um mögliche Fragen zu adressieren. Sie bewegen sich im Rechtsraum des Landes, das sie tagtäglich erleben. Steuer, Bilanzierung, Impressum, um nur einige zu nennen, sind so einfacher gestaltbar.

Meiner Erfahrung nach wählen mehr als 80 % der Unternehmen diesen Weg. Wächst Ihr Unternehmen und ist es stabil aufgestellt, haben Sie es also gut im Griff, dann können Sie darüber nachdenken, wenn Sie in Deutschland wohnen, in Peru Ihre Firma zu gründen. Das hat natürlich Vorteile. Sie kaufen zum Beispiel die Ware lokal ein und agieren als Exporteur. Damit erleben sie weniger Überraschungen, wenn die Ware in Deutschland ankommt. Seien Sie sich bewusst, dass Sie dann natürlich in Peru rechnungslegungspflichtig sind. Sie brauchen einen Steuerberater, eine Bank vor Ort und vieles mehr. Das ist für sich genommen einfach. Sie haben jedoch dann bereits zwei Firmen, mehrere Steuerberater, mehrere Bankkonten und zwei Rechtsräume. Das alles erhöht die Kompliziertheit für Sie, das Unternehmen zu führen. Es kostet Zeit, die zunächst meist keinen direkten Mehrwert für Ihre Kunden bedeutet. Diese Zeit fehlt dann an anderer Stelle.

Sollten Sie in Peru ansiedeln, dann ist für den Unternehmenssitz die Hauptstadt Lima zu empfehlen. Die Ansiedlung in einem Stadtteil wie San Isidro, Miraflores oder Surco trägt zu einer positiven Reputation bei. Alternativ können Sie Ihr Unternehmen auch in Ate oder Callao, in der Nähe des Hafens oder des Flughafens eröffnen. Sollten Sie einen Produktionsstandort suchen, ist der Stadtrand von Lima oder die Provinz zu empfehlen. Meine Empfehlung ist, dass Sie zunächst in einem Land starten und Ihre Firma etablieren.

In welchem Land muss ich mich befinden,
damit alles funktioniert?
Sie brauchen immer jemanden vor Ort. Häufig sind es Familienangehörige oder Freunde, die helfen oder unterstützen. Darüber hinaus ist es notwendig, mindestens einmal pro Jahr, eher zwei- bis viermal im Jahr, nach Peru zu fliegen, wenn Ihre Firma in Deutschland ansässig ist. Ich kenne eine Textilimporteurin, die jährlich zweimal in die Anden fährt, um den Kontakt mit ihren Zulieferern aufrechtzuerhalten. Das Sprichwort „Aus den Augen, aus dem Sinn" trifft besonders auf Peru zu. Die peruanische Kultur ist auf das Hier und Heute ausgerichtet. Das nennt sich „In time". Außerdem ist die telefonische Erreichbarkeit eingeschränkt. Zeitunterschied und lange Transferzeiten von einem Ort zum anderen kommen erschwerend hinzu. E-Mails werden oft völlig ignoriert. Das ist natürlich nicht immer so.

Ich brauchte einmal eine Bescheinigung einer peruanischen Behörde. Sie wollten mir diese nicht geben, da bei ihnen niemand zur Unterschrift im Hause sei. Damit habe ich mich nicht zufriedengegeben und bat darum, dass der Vertreter unterschreiben möge. Eine Stunde später hielt ich das Dokument in Händen. Wäre ich nicht persönlich vor Ort gewesen, hätte ich stundenlang telefonieren oder unzählige E-Mails schreiben können, es wäre nichts passiert. Nur wenn Sie persönlich vor Ort sind, werden Sie ernsthaft wahrgenommen.

Welche Rechtsform ist die beste und welche gibt es?
Rechtsformen in Deutschland:
Zu den Personengesellschaften zählen die Gesellschaft bürgerlichen Rechts (GbR), die offene Handelsgesell-

schaft (OHG), die Kommanditgesellschaft (KG) oder der eingetragene Kaufmann (e.K.).

Zu den Kapitalgesellschaften zählen die Gesellschaft mit beschränkter Haftung (GmbH), die Unternehmergesellschaft (UG) oder die Aktiengesellschaft (AG).

Von der Vielzahl möglicher Rechtsformen bieten sich für den Start einer Firma aus meiner Sicht folgende Formen an: der Gewerbebetrieb, die Unternehmergesellschaft oder die GmbH.

Ein Gewerbe ist natürlich keine Rechtsform. Sie melden bei der Kommune Ihre Geschäftstätigkeit an, und das war es. Sie als Privatperson sind jetzt der Gewerbetreibende. Sie haften dadurch mit Ihrem gesamten Privatvermögen. Die Kosten für diese Art Gründung sind minimal. Ein paar Euro für die Gewerbeanmeldung, dann kann es schon losgehen. Man kann sein Business auch nebenberuflich ausüben. Für die Anmeldung eines Gewerbes, das nebenbei betrieben wird, gelten dieselben Anforderungen wie beim Vollerwerb. Gleiches gilt für die Besteuerung. Wollen Sie erst einmal sehen, was sich aus Ihrer Idee entwickelt, ist die Anmeldung eines Gewerbes ein guter und einfacher Weg. Für bestimmte Tätigkeiten braucht es keine Gewerbeanmeldung, sondern es nennt sich Freiberufler. Es sind selbständig ausgeübte wissenschaftliche, künstlerische, schriftstellerische, unterrichtende oder erzieherische Tätigkeit, sowie die selbständige Berufstätigkeit der Ärzte, Zahnärzte, Tierärzte, Rechtsanwälte, Patentanwälte, Vermessungsingenieure, Ingenieure oder Architekten.

Die UG, unterliegt dem GmbH-Gesetz und wird daher auch kleine GmbH genannt, ermöglicht es Ihnen, den Haftungsumfang zu beschränken. Diese fällt unter den Fachbegriff 'juristische Person' und braucht daher einen Notarvertrag. Der Standardvertrag umfasst eine Seite und reicht vollkommen aus. Rechnen Sie für die Gründung mit ca. 500 EUR Gesamtkosten. Beachten Sie, dass Sie eine Bilanz erstellen müssen, die im Bundesanzeiger zu veröffentlichen ist, (das sind wenige Eckdaten) und dass man den IHK-Beitrag bezahlen muss. In größeren Städten wie in Frankfurt sind das bereits am Anfang ca. 200 EUR jährlich. Die Erstellung der Bilanz, der Umsatzsteuer und weiterer Steuererklärungen kostet meist ca. 100 EUR monatlich oder mehr.

Diese Rechtsform eignet sich bestens für den Handel. Sollte es einmal Ärger geben, ist nur das Vermögen der Unternehmergesellschaft in Gefahr und nicht Ihr Privatbesitz wie Haus oder Gehaltseinkünfte. Planen Sie Umsätze im 4-stelligen bis 5-stelligen Bereich, ist die Unternehmergesellschaft die richtige Wahl.

Eine GmbH funktioniert ganz ähnliche wie eine Unternehmergesellschaft. Das einzuzahlende Mindestkapital beträgt dabei 12.500 EUR. Mit der GmbH erreichen Sie ein höheres Ansehen im Sinne der Seriosität. Außerdem ist die Abkürzung im Firmennamen einfacher zu schreiben. Bei der Unternehmergesellschaft muss immer der Zusatz „haftungsbeschränkt" beim Firmennamen stehen. Planen Sie 6-stellige oder höhere Umsätze, ist die GmbH die richtige Empfehlung.

Rechtsformen in Peru:
Aufgrund der rechtlichen und kulturellen Gegebenheiten ist es von Vorteil, dort eine Tochtergesellschaft zu haben, falls Sie nach Peru exportieren wollen. Das erleichtert die wirtschaftliche Teilhabe und erhöht auch die Vertrauenswürdigkeit aus Sicht der lokalen Bevölkerung. Ebenso administrative Dinge, wie z. B. eine Kontoeröffnung.

Brauche ich eine Dependance in Peru oder Deutschland?
Anfangs bedarf es keiner Tochterfirma im jeweils anderen Land. Hat sich das Geschäft jedoch etabliert, ist das ein sinnvoller Schritt. Sie haben die Möglichkeit, selbst zu gründen, wobei ein peruanischer Pass von großem Vorteil ist. Andernfalls muss man diverse Dokumente übersetzen und beglaubigen lassen. In einem solchen Fall bietet es sich an, eine Unternehmensgründung in Peru durch eine ansässige Rechtsanwaltskanzlei vornehmen zu lassen.

Die beliebteste und auch empfehlenswerteste Rechtsform ist die Aktiengesellschaft, Sociedad Anónima (S.A.) sowie die S.A.C.

Könnte ich von überall aus agieren?
Diese Frage steht immer wieder im Raum. Sehr häufig wollen Geschäftsinhaber flexibel und unabhängig entscheiden, wann sie sich in Peru und wann in Deutschland aufhalten wollen. Heutzutage können Sie in Deutschland leben und die komplette Produktbeschaffung in Peru organisieren lassen. Sie arbeiten mit Komponenten. Professor Günter Faltin hat dies in seinem Buch „Kopf schlägt Kapital" wunderbar beschrieben. Hier kommt sogar Lima als Beispiel vor. Das gilt natürlich nur, wenn

Sie Unternehmer mit Angestellten sind. Als Selbständiger können Sie kaum über die Entfernung hinweg agieren. Als Unternehmer geht das viel einfacher.

Welcher Steuerstandort wäre der beste?
Die Standortwahl sollten Sie nie aus steuerlicher Sicht treffen. Schauen Sie immer auf die Kriterien der Einfachheit versus Komplexität und Machbarkeit. Auch wenn es in Peru keine Gewerbesteuer gibt, wie wir es in Deutschland kennen. Steuersätze ändern sich schnell, Firmensitze zu ändern braucht hingegen deutlich länger. Allein die Abwicklung einer Firma kann mehrere Jahre dauern. Die Frage, die Sie sich stellen müssen, ist, ob Sie den Gewinn als Firma versteuern oder Einkommenssteuer abführen, wie es beim Gewerbebetrieb der Fall ist.

Rechtsform Körperschaft
Die Grundfrage ist, ob ein Unternehmen in Peru ansässig ist. Unternehmen, die in Peru angemeldet sind, müssen Körperschaftssteuer in Peru zahlen. Dies gilt für ihre weltweit erwirtschafteten Einkünfte. Sitzt ein Unternehmen außerhalb Perus, macht jedoch Geschäfte in Peru, so werden nur die in Peru erzielten Einkünfte versteuert.

Betreibt ein deutscher Mittelstandsunternehmer eine Niederlassung in Peru, so wird auf die innerhalb des Landes erzielten Erträge Körperschaftssteuer berechnet. Die Rechnungslegung muss im Regelfall in der Landeswährung und in spanischer Sprache geführt werden. Sie wird einmal jährlich in Form einer Steuererklärung der nationalen Finanzbehörde SUNAT vorgelegt, diese prüft und berechnet gegebenenfalls die Steuern neu.

Natürliche Personen
Wer nicht in Peru ansässig ist, weil er beispielsweise mehr als 183 Tage außerhalb Perus verbringt, muss bei der Einkommenssteuer nur peruanische Einkünfte versteuern. Gebietsansässige, die ihr weltweit erzieltes Einkommen in Peru versteuern müssen, werden bei der Einkommenssteuer in verschiedene Einkommensklassen mit aktuell Steuersätzen zwischen 8 und 30 % unterteilt.

Konkurrenz

Wer ist die Konkurrenz?
Konkurrenz belebt das Geschäft, wie man so schön sagt. Sich über sie zu informieren ist sehr wichtig, um neue Trends und Strömungen zu erkennen. Wenn Sie jedoch ein Business umsetzen, sind Sie die neue Konkurrenz! Die meisten Geschäftsideen stoßen sowieso in einen bestehenden Markt. Demnach muss man ohnehin genau wissen, was die Mitbewerber anbieten, um sich davon zu unterscheiden. Statt aber Angst vor der Konkurrenz zu haben, bietet sich die Chance, es besser zu machen als sie.

Erinnern Sie sich noch an die Zeit vor dem Apple I-Phone? Nokia, Motorola, LG und Siemens waren damals die führenden Marken für Mobiltelefone. Apple veränderte das gesamte Gefüge durch eine Idee und weitete den Markt damit aus. Zunächst hatten nur Geschäftsleute ein Handy, dann junge Erwachsene, danach Senioren, später folgten viele Jugendliche und heute besitzt so gut wie jeder mindestens ein internetfähiges Mobilgerät. Märkte können sich erweitern und Konkurrenz fördert die Innovation. Jedes Unternehmen hat dabei die gleichen Chancen und die größte liegt in der Idee.

Genau so können Sie auch Ihr Peru-Business betrachten. Man stößt auf Firmen, die ihre Produkte bereits anbieten, wie etwa bei Superfoods, Alpaka oder im Tourismus. Da ist aber noch Platz für frisches Denken und neue Angebote. Am Beispiel des Tourismus erkennt man, dass zunächst nur Machu Picchu das Ziel aller Reisenden war. Das hat sich auf den Regenwald ausgeweitet wie beispielsweise auf Iquitos oder Kuélap, die Festung der geheimnisvollen Chachapoyas. Während vor zwanzig Jahren nur etwa 10.000 deutsche Touristen Peru besuchten, sind es heute um die 100.000. An diesem Beispiel erkennt man, wie der Markt wächst und Platz für viele innovative Angebote bietet. Wettbewerb mit der Konkurrenz ist ein normaler Zustand. Betreibt man ein Geschäft aus vollem Herzen, begeistert man auch seine Kunden. Sich anzuhören, was sie von der Gegenwart erwarten und für die Zukunft wünschen, ist der Schlüssel zum Erfolg.

Was könnten die Wettbewerber tun, um mein Geschäft zu verhindern? Newcomer haben es manchmal nicht leicht, dessen muss man sich bewusst sein. Als eines von vermutlich vielen Beispielen kann ich die folgende Geschichte anführen.

Ich hörte von einem Unternehmer, der sich innerhalb der Gastronomie etwas Besonderes hatte einfallen lassen. Sein Konzept erwies sich als außerordentlich effektiv und lockte viele zusätzliche Gäste täglich an. Der Vermieter des Lokals bemerkte das, und zwei Neffen von ihm eröffneten in der direkten Nachbarschaft ein identisches Gastronomiekonzept, nur mit etwas niedrigeren Preisen. Es passierte aber noch mehr. Der Vermieter versuchte nämlich die Pacht zu erhöhen und veranlasste die Kommune zu prüfen, ob alle Umbauten im Gebäude rechtens seien, ob die Vorschriften für die Küchenhygiene eingehalten wurden und so weiter. Durch andauernde behördliche Besuche wurden die Gäste verunsichert und wanderten schließlich zur Konkurrenz ab. Nach nur sechs Monaten schloss dieser Gastronomiebetrieb.

Immer wieder kommt es vor, dass Firmen mit nahezu identischen Produkten um die gleiche Kundschaft buhlen. Bislang habe ich nur ziemlich selten Verhaltensweisen wahrgenommen, die darauf abzielen, Konkurrenten im eigenen Land zu behindern oder sogar zu schädigen. Dass so etwas vorkommen kann, darauf sollte man trotzdem vorbereitet sein. In diesem Bezug gibt es noch eine weitere Art der Konkurrenz. Nämlich die des Qualitätsversprechens der Produkte im Vergleich zu anderen Ländern.

Ein Beispiel dazu: Als ich mich kürzlich in Deutschland in den Regalen bei Superfoods umgesehen habe, fand ich bei einer Drogeriekette das Produkt Chia. Ich war sehr überrascht, als ich auf der Verpackung als Herkunftsland „Uganda" las. Neben dem Produkt aus Uganda stand eine Packung mit Chia aus Peru. Ein Kunde lief an mir vorbei, verglich die beiden und kaufte ohne langes Nachdenken „Peru".

Gibt es Kartelle oder Preisabsprachen?
Es gibt einen bekannten Marktpreis, der für Sie relevant

ist. Ob größere Firmen mehr verdienen, weil sie billiger einkaufen oder die Preise künstlich hoch halten, ist nicht so sehr von Interesse. Aus Deutschland gibt es jedoch einige Beispiele von Rucksäcken oder Matratzen, bei denen Wiederverkäufer dazu gezwungen wurden, einen absolut überteuerten Preis einzuhalten. Wer sich weigerte, dem drohte die Vernichtung durch Lieferboykotte, Anzeigen oder Prozesse, die mit der Ware überhaupt nichts zu tun hatten. So etwas ist der Ausnahmefall, kann aber durchaus vorkommen. Aus meiner Sicht ist es entscheidender, wie schnell Sie die Waren aus Peru heraus- oder ins Land hineinbekommen. Die großen Unternehmen werden dabei bevorzugt; sie werden von den Dienstleistern in der Regel schneller bedient.

Habe ich die Chance, mich gegen sie durchzusetzen?
Durch einen guten und regelmäßigen Kontakt kommen auch Ihre Waren pünktlich und reibungslos über die Grenze. Ich sprach darüber mit einem Unternehmer in Peru, der Waren aus der Türkei importiert. Er wechselt etwa alle 3 Jahre seinen Dienstleister.

Der Innovationsvorsprung für Produkte oder Dienstleistungen beträgt maximal 6 Monate, eher weniger. Peruanische Unternehmer sind Meister im Kopieren von einfachen Geschäftsmodellen. Wenn es sich um Import oder Export handelt, ist dies anders. Im Gegenteil, man scheut sich sogar davor. Eine Unternehmerin aus dem Textilbereich sagte mir, dass sie nur den nationalen Markt bedient. Exportieren sei zu kompliziert.

Preisgestaltung

Wie hoch liegt der Preis der Konkurrenz?
Den durchschnittlichen Marktpreis erkennen Sie sehr schnell. Schauen Sie sich einfach bei Wettbewerbern mit ähnlichen Angeboten um. Ist es ein neues Produkt, dann berechnen Sie den Einkaufspreis, die Transportkosten und geben Ihre gewünschte Gewinnmarge dazu. Testen Sie den Preis über verschiedene Vertriebskanäle. Das ist ein sogenannter Split-Test, wenn man das gleiche Produkt zu unterschiedlichen Preisen anbietet und dann die Reaktionen analysiert. Es ist nicht immer die niedrigste Summe, die von den Kunden akzeptiert wird. Es ist der Preis, mit dem der Käufer sich wohlfühlt. Stellen Sie sich vor, Sie könnten einen fabrikneuen Porsche für 15.000 EUR kaufen. Vielleicht kommt Ihnen dieser Preis zu günstig vor, sodass Sie sich sagen: „dieses Auto muss eine Macke haben. Ich kaufe es besser nicht".

Wie muss man kalkulieren, um tatsächlich Gewinn zu machen?
Wer die Kosten kennt, kann den richtigen Verkaufspreis kalkulieren, die Auswirkungen von Kostenschwankungen abschätzen und so Gewinne erwirtschaften. Bei einer solchen Kalkulation geht es darum, das Geschäftsmodell überlebensfähig und wettbewerbsfähig machen.
Drei Ansätze dazu.

Der Verkaufspreis:
- Welchen Preis brauchen Sie um die konkreten Kosten zu decken, die mit dem Bezug des jeweiligen Produktes für Sie selbst verbunden sind?
- Welche Bereitschaft hat der Kunde, einen bestimmten

Preis für ein Produkt zu bezahlen?
- Welchen Preis verlangen die direkten Mitbewerber?
- Welche Kosten fließen in eine Basiskalkulation mindestens ein?

Die Bezugskosten des Produktes:
- Kosten, die anfallen, wenn Ware eingekauft und verkauft wird. Beispielsweise Verpackung und Versand

Die Gemeinkosten:
- Kosten, die immer anfallen, auch wenn keine Ware eingekauft oder verkauft wird. Beispielsweise Miet- und Pacht-Zahlungen, Abschreibungen für die Einrichtung von Büro und Lager, Telefon, Webserverkosten, Löhne und Gehälter, Versicherungen, Zinsen

Wie legt man Gemeinkosten auf das Produkt um?
Damit die Kalkulation nicht von Monat zu Monat schwankt, sollte man die Gemeinkosten auf die durchschnittliche Anzahl verkaufter Produkte auf Jahresbasis umlegen. Die Kalkulation eines Preises ist eine Wissenschaft für sich. Allein die betriebswirtschaftliche Unterscheidung zwischen Auszahlung, Ausgabe, Aufwand und Kosten ist komplex.
Konzentrieren Sie sich aber besser auf Einfachheit. Eines habe ich in den Jahren als Dozent für Betriebswirtschaft und Bilanzierung bei der Business School „Frankfurt School of Finance & Management" den Teilnehmern in den Vorlesungen immer mitgegeben: Wenn ein Unternehmen beginnt, jeden Bleistift zu erfassen und kostenmäßig zuzuordnen, ist der Zeit- und Arbeitsaufwand viel teurer als der Nutzen. Es ist besser, grob zu schätzen

und die freie Zeit in den persönlichen Austausch mit den Kunden und in Produktinnovation zu investieren.

Rechnungsstellung / Mahnungswesen

Es kann immer wieder Rückschläge geben, auch darauf sollte man vorbereitet sein. Dass alle immer pünktlich zahlen ist ein frommer Wunsch, trifft aber selten zu. Vor der Realisierung einer Geschäftsidee ist deshalb jeder dazu angehalten, auch darüber nachzudenken. Bei größeren Bestellungen in Vorleistung zu treten kann für eine kleine Firma bedrohlich werden, wenn die Zahlung ausbleibt. Aber auch bei Kleinbestellungen muss man über Mittel verfügen, um seine Forderung einzutreiben. Die Empfehlung ist also, sich schon im Vorfeld über Inkasso-Möglichkeiten oder die Vergabe eines sogenannten Titels beim Amtsgericht zu informieren.

Eine Anekdote dazu: Einer meiner peruanischen Kunden war ein Familienunternehmer aus der Textilbranche. Ein erfahrener Mann, der davor viele Jahre in Chile für den Konfektionär einer amerikanischen Jeansmarke gearbeitet hatte. Er war im Bereich Beschaffung tätig und kannte viele Zulieferer in Südamerika. In seine Heimat Peru zurückgekommen, gründete er seine eigene Firma. Die Firma startete gut und er kaufte sich eine schöne Wohnung in Lima-Surco. Die Geschäfte liefen besser, und als ich bei der peruanischen Wirtschaftsförderung Prom-Peru einen Vortrag über die Möglichkeiten auf dem deutschen Markt hielt, bat er mich, ihn zu beraten. Er lud mich in seine Wohnung ein und beim gemeinsamen Frühstück stellte er mir seine Familie vor. Seine Frau hatte interessanterweise Vorfahren aus Deutschland. Die Rechnungen stellte ich gewöhnlich am Ende eines Quartals und sie wurden immer pünktlich beglichen. So verging die Zeit, bis ein vereinbarter Gesprächstermin überraschend abgesagt wurde. Man müsse noch einiges klären, war die Begründung. Dann wurde mir mitgeteilt, dass die Zusammenarbeit pausieren müsse. Im Moment sei nicht genügend Geld da. Wir vereinbarten, in Kontakt zu bleiben, und ich traf den Mitgesellschafter persönlich. Er eröffnete mir, dass nicht nur die Firma pleite sei, auch die Wohnung des Unternehmers stehe zum Verkauf.

Was war passiert? Der Gründer hatte Ware für 100.000 US-Dollar produzieren lassen, ohne vom Kunden in New York eine Anzahlung zu verlangen. Er hatte darauf verzichtet, da er einen zuverlässigen Kontakt hatte, der dem amerikanischen Geschäftspartner Solvenz und Vertrauenswürdigkeit bescheinigte. Mein Beraterhonorar wollte der Mitgesellschafter später zahlen und bat um Verständnis. Am Ende wurde meine Rechnung nie bezahlt.

Vorkasse ist also die beste Zahlungsmodalität für eine Geschäftstätigkeit. Hier ist man auf der sicheren Seite. Das Gegenteil ist der Fall, wenn Sie Waren produzieren und erst nach Auslieferung Ihr Geld erhalten, teilweise um 90 oder 180 Tage zeitverzögert oder später. Die Zahlungsbedingungen sind stark von der Branche abhängig. Vorkasse ist üblich im Online-Handel, wobei erst die Zahlung erfolgt und danach versendet wird. Auch bei einer Reise zahlen Sie zuerst das Ticket und steigen dann in den Flieger. Bei Beratungen oder bei Geschäften mit anderen Unternehmern ist die Zahlung am Ende durchaus üblich, jedoch nicht zwingend. Als Zwischenlösung für beide Partner hat sich die Anzahlung etabliert. In Peru ist das auch bei kleinsten Auftragsarbeiten mittlerweile üblich. Sie erhalten beim Auftrag eine Anzahlung von 50 % und bei Abschluss der Arbeit oder bei Lieferung des Produktes den Rest. Sollte etwas schiefgehen, dann haben Sie zumindest einen Teil des Geldes erhalten. Das ist auch aus Sicht des Kunden das Gleiche. Denn sollten Sie nicht liefern, verzichten Sie auf die Hälfte, also ist Ihre Motivation groß, den Auftrag ordnungsgemäß auszuführen.

Bleibt eine Zahlung aus, sprechen Sie mit Ihrem Kunden am besten persönlich. E-Mails oder Briefe sind wenig erfolgversprechend. Am Ende nutzen Sie das gesetzliche Mahnwesen in Deutschland. In Peru investieren Sie meist viel Zeit und Nerven und erhalten am Ende doch nicht Ihr Geld.

Wie wird das versteuert?
Ist Ihr Gewerbe in Deutschland angemeldet, versteuern Sie grundsätzlich auch dort, das Gleiche gilt auch für Peru. Schwieriger wird es, wenn Sie in Deutschland online für Ihren Kunden in Peru arbeiten oder umgekehrt. Sie müssen hierzu einen Steuerberater konsultieren oder Sie sprechen direkt mit Ihrem Finanzamt.

In Peru sind die Einkommensteuer, Mehrwertsteuer und Verbrauchssteuer als wichtigste Abgaben zu nennen. Die dafür zuständige peruanische Finanzbehörde ist die SUNAT (Superintendencia Nacional de Adminstración Tributaria). Jede natürliche und juristische Person muss sich in das Registro Único de Contribuyentes – RUC, das Steuerzahlerregister eintragen.

Es bestehen aktuell verschiedene Einkunftsarten in Peru:

179

1. Kategorie: Einkünfte aus der Vermietung von Immobilien, Maschinen, Fahrzeuge
2. Kategorie: Einkünfte aus Aktien, Wertpapieren
3. Kategorie: Einkünfte aus Firmen und Geschäften
4. Kategorie: Einkünfte von Selbstständigen (zum Beispiel Tantiemen)
5. Kategorie: Einkünfte aus Nichtselbstständiger Arbeit

Die entsprechende Steuerregelung gibt an, welches Verfahren bei Firmen anzuwenden ist. Hintergrund ist die Vielzahl an Kleinstgewerbetreibenden. Es werden aktuell vier Verfahren unterschieden:

1. "Nuevo RUS" (Régimen Único Simplificado)
2. "Régimen Especial"
3. "Régimen MYPE Tributario"
4. "Régimen General"

Beschwerdemanagement / Rücksendungen

Beschwerden treten immer mal wieder auf, wenn Erwartungen nicht erfüllt werden oder ein tatsächlicher Mangel auftritt. Mit Transportschäden, fehlerhaften Sendungen oder Bestellungen in der falschen Größe muss man immer rechnen.

Dafür sollten Sie immer ein offenes Ohr haben und im Zweifelsfall kulant reagieren. Denn ein Kunde, der nichts mehr kauft, ist verkraftbar, eine Hundertschaft, die durch eine schlechte Bewertung niemals etwas kaufen wird, jedoch viel dramatischer. Das heißt nicht, dass Sie alles mitmachen müssen, was der Kunde verlangt. Bleiben Sie offen für seine Sichtweise und entscheiden Sie nach reiflicher Überlegung, ob Sie das Produkt nachbessern, einen Preisnachlass geben oder gar nichts tun.

Kundenakquise

Um erfolgreich eine Geschäftsidee zu realisieren, muss man sich auch überlegen, woher man seine Kunden oder Käufer bekommt. Dazu sind einschlägige Verkaufsportale hilfreich; man sollte sich aber auch weiterführende Gedanken machen.

Welche Verkaufsportale gibt es?
In Europa sind die vorherrschenden Marktplätze hauptsächlich im Internet angesiedelt. Das ist die einfachste Möglichkeit, eine internationale Verbreitung zu erreichen. Die bekanntesten sind:
Amazon, Amazon-Handmade, eBay, eBay Kleinanzeigen, Etsy und Alibaba. Darüber hinaus existieren jedoch noch viele andere regionale Anbieter, zum Beispiel Quoka (ehemals das Inserat) oder digitale Anzeigenmärkte von Wochenzeitungen oder der Stadt, in der Sie wohnen. Die meisten Inserate sind völlig kostenlos.

In Peru findet man vollkommen andere Verkaufsportale als in Deutschland. eBay oder Amazon mögen einen hohen Bekanntheitsgrad in Deutschland besitzen, auf Peru trifft das jedoch nicht zu. Dort trifft man auf andere Anbieter. Bei Reisen hat sich „despegar.com" etabliert. Das 1999 gegründete argentinische Unternehmen hat sich in allen lateinamerikanischen Ländern fest etabliert. So auch in Peru.
Ein Portal, auf dem Firmen ihre Produkte anbieten können, ist die peruanische Plattform „juntoz.com".
„Olx.com" ist in Peru ein guter Markplatz für Konsumenten. Das US-amerikanische Unternehmen hat in Peru eine hohe Akzeptanz.

Welche Promotions-Möglichkeiten gibt es?
Neben dem direkten Angebot eines Produktes auf den Verkaufsportalen kann man den Artikel oder die Dienstleistung auch auf anderen Webseiten bewerben. Ohne das primäre Ziel, es dort verkaufen zu wollen, besteht die Möglichkeit, sein Angebot global publik zu machen. Im Prinzip basiert der Erfolg von Social Media auf nichts anderem als auf der Idee, Menschen eine Möglichkeit zu geben, sich selber, einem Thema oder einem Interesse ein Forum zu bieten. Inzwischen werden derartige Portale von den Nutzern als eigene Suchmaschine benutzt. Darunter befinden sich klingende Namen, wie Facebook, Twitter, Youtube, Instagram oder Pinterest. Die Werbewirkung dieser Marketinginstrumente darf auf keinen Fall unterschätzt werden. Egal ob als Foto, Video oder Text, mit diesen Medien kann man ein enormes Publikum erreichen.

Wie entscheiden Kunden?
Der Mensch trifft Entscheidungen meistens unbewusst. Dabei wird er in höchstem Maße von Gefühlen geleitet. Aus einer Vielzahl von Motiv- und Emotionsfeldern leiten sich Kundentypen ab. Ziel ist, jeden Typus aufgrund seiner Bedürfnisse abzuholen. Vier Zusatznutzen können dabei formuliert werden. Das sind:
Gewinn, Sicherheit, Bequemlichkeit und Prestige.
Über alle Betrachtungsweisen hinweg haben sich deshalb vier Grundtypen für Kunden etabliert:

Aktionsorientierung/abenteuerlustiger Pioniertyp,
Vernunftsorientierung/sachorientierter Controller,
Leistungsorientierung/dynamisch-dominanter Performer,
Kooperationsorientierung/offener und kreativer Genießer

Demnach kann ein Leistungsversprechen in der folgenden Weise formuliert werden:

Aktionsorientierung: Mit meinem Produkt
... gewinnst du an Schnelligkeit
... bist du der Erste in deiner Region
... erhältst du die komplette Ausstattung
... bist du state of the art.

Vernunftsorientierung: Mit meinem Produkt
... bekommst du mehr Wissen
... erhältst du eine Rückgabegarantie
... erhältst du eine strukturierte Übersicht
... bist du komplett ausgestattet.

Leistungsorientierung: Mit meinem Produkt
... erreichst du mehr Abschlüsse
... vermeidest du Fehler
... hast du das Wichtigste zusammengefasst
... wirst du Leistungsträger.

Kooperationsorientierung: Mit meinem Produkt
... triffst du neue Menschen
... wirst du viel Freude haben
... vermeidest du Stress
... kannst du Menschen Geschichten erzählen.

Welche Stufen durchläuft ein Käufer?
Ein Käufer durchläuft 3 bis 7 Stufen, bis er zum Abschluss kommt. Hierfür wird der Begriff „Sales Funnel" oder auch Verkaufstrichter verwendet. Das Bild des Trichters unterstützt Sie bei der Steuerung im Vertrieb und schafft Transparenz darüber, wie viele Interessenten

auf welcher Stufe im Prozess stehen. Die Funktion des Sales Funnels ist so zu sehen, dass Ihnen auf jeder Stufe Interessenten wegfallen, da diese kein Interesse haben, kein Budget oder es andere Gründe gibt. Der Sales Funnel macht den Erfolg der Vertriebsmaßnahmen messbar.

Zeitaufwand

Ist die Organisation zeitlich machbar?
Nicht selten ist es so, dass ein Geschäft anfangs nebenbei betrieben wird. Denn ein zweites berufliches Standbein zu haben birgt weniger finanzielles Risiko. Bevor man sich in das Abenteuer der Selbstständigkeit stürzt, sollte man deshalb vorher prüfen, wie viel Zeit man für das Projekt überhaupt erübrigen kann. Auch andere Verpflichtungen wie Kinder oder Tiere, die Pflege benötigen, können das leistbare Arbeitsaufkommen verkürzen. Um dennoch alles zu bewältigen, gibt es hilfreiche Tipps. Das Arbeiten mit Komponenten.

Das Buch „Kopf schlägt Kapital" von Professor Faltin kann dabei helfen, alle Aufgaben effektiv zu kombinieren. Buchhaltung, Marketing, Verkauf, Online-Shop, Transport, Büroräume, Lager, Zahlungsabwicklung, Versand und so weiter folgen dabei einem einfachen Prinzip. Hauptberuflich oder nebenberuflich ist deshalb keine Frage des Zeitaufwands.

Arbeiten Sie nach einem Plan oder Konzept. Ganz einfach ist das Eisenhowerprinzip umzusetzen. Schreiben Sie am Vorabend die Aufgaben auf und clustern Sie diese nach dringend, wichtig, delegieren, überflüssig. Fokussieren

Sie sich auf die wichtigen Arbeiten. Es werden dann keine dringenden mehr entstehen. Delegieren Sie, soweit Sie das können, und hinterfragen Sie, ob bestimmte Arbeiten überhaupt notwendig sind.

Ein anderes Prinzip ist die Planung der drei Top-Aufgaben am Folgetag. Die Nr. 1 Top-Aufgabe muss auf jeden Fall erledigt sein. Aufgabe 2 und 3 können in Ausnahmen auf den nächsten Tag verschoben werden. Legen Sie zu jeder Aufgabe eine Zeitdauer fest. Arbeit braucht immer so viel Raum, wie ihr gelassen wird. Soll heißen, man kann über 3 Stunden an einer Aufgabe sitzen oder nur 30 Minuten. Das Ergebnis wird fast das gleiche sein, da man sich unterschiedlich fokussiert.

Etwas komplexer ist das agile Arbeiten nach Scrum. Sie haben sogenannte User-Stories (Themenfelder) und schreiben die Aufgaben (Tasks) dazu auf. Täglich ziehen Sie sich eine oder mehrere Aufgaben und erledigen diese. Am Ende eines Sprints (festgelegte Dauer bis zur Erledigung einer User-Story) haben Sie alle Aufgaben erledigt. Ein Sprint dauert entweder 1 Woche, 2 Wochen oder 4 Wochen. Ein Beispiel von mir für eine User-Story: „Ich als Roberto von Peru Foods möchte Kontakte zu Einkäufern in Deutschland, um meine Superfoods vorzustellen". Mein Aufgabe als Berater ist es für Roberto Einkäufer in Deutschland zu finden. Beispielhaft unsere Aufgaben: „Stichwortsuche in Google zu Superfoods, Firmen finden die Produkte verkaufen, Ansprechpartner identifizieren, Klärung ob diese Firma direkt importiert oder über Großhandel bezieht, Großhändler identifizieren, Ansprechparter bei Großhändler finden, telefonischen Kontakt herstellen, erstes Interesse klären".

Holen Sie sich Expertenrat, um zu erfahren, wie Scrum bei Ihnen am besten umgesetzt werden kann.

Ich persönlich habe nebenberuflich mit einer Stunde am Tag begonnen. Also 60 Minuten meiner Lebenszeit, die ich in meine Geschäftsidee investierte. Samstags und sonntags war Pause. Ich hatte für kurze Zeit drei Stunden am Tag ausprobiert sowie samstags und sonntags weitere 4 Stunden. Bei einem anderen Projekt, es war die Erstellung einer Stärken-Schwächen-Analyse für eine Universität aus Thüringen und Lima zu den Chancen eines neuen Master-Studiengangs, saß ich an einem Wochenende am Samstag von 08.00-23.00 Uhr und am Sonntag von 08.00-21.00 Uhr. Daraufhin beschloss ich, solche Aufträge künftig nur noch mit Partnern zu erledigen oder abzulehnen.

Wenn Sie nebenberuflich starten, hören Sie nach etwa einer Stunde täglich auf. Das reicht. Wenn Sie hauptberuflich starten, arbeiten Sie möglichst nicht mehr als 5-6 Stunden. Die restliche Zeit brauchen Sie zum Lesen, zur Entwicklung von Ideen und für sich selbst beziehungsweise für die Familie.

Habe ich Geld, um Zeitaufwendiges auszulagern?
Die Arbeiten, die Sie erledigen müssen, sind vielfältig und umfangreich. Sie können alles allein tun, nur dauert es dann länger. Man muss nicht gleich einen Vollzeitmitarbeiter einstellen, denn es gibt einige andere Möglichkeiten:
- Übertragen Sie die Aufgaben auf einen virtuellen Assistenten. In der Büroverwaltung finden Sie zahlreiche Anbieter. Ein solcher ist nur zu bezahlen,

wenn sie ihn brauchen. Der Stundenlohn liegt zwischen 10 und 50 EUR.
- Stellen Sie geringfügig Beschäftigte ein. Hier haben Sie Kostenerleichterungen.
- Suchen Sie sich Praktikanten im Rahmen eines Pflichtpraktikums.

Habe ich genügend Leute, die mitmachen oder mich ersetzen können?
Fragen Sie in Ihrem Freundes- und Familienkreis nach. Auch wenn Sie am Anfang keinen Lohn zahlen können, so lernt jeder etwas aus der Praxis und das ist mehr wert als Geld. Außerdem werden Sie auf viele Menschen stoßen, die gerne geben und mithelfen. Sie brauchen sie nur anzusprechen.

Welchen Anteil oder Gewinn könnte man ihnen anbieten?
Menschen, die Ihnen zum Erfolg verhelfen, daran teilhaben zu lassen, ist sehr wirksam. Einen Teil des Gewinns an Mitarbeiter abzugeben, die die Waren verkaufen, ist eine gängige Praxis.

So können Sie eine Art Provision oder Kommission vereinbaren. Abhängig vom Produkt sind es meist zwischen 10-50 % des Verkaufserlöses. Sie können über die Mitarbeiter hinaus auch Menschen beteiligen, die außerhalb der Firma agieren. Das nennt sich Affiliate-Marketing und ist bei Online-Produkten wie Software, Videokursen oder E-Books ein üblicher Weg, Dritte einzubinden. Mitarbeiter am eigenen Unternehmen zu beteiligen ist grundsätzlich möglich. Überlegen Sie es sich aber gut. Anders als bei einem Gewinnanteil hat ein Gesellschafter eine

Stimmberechtigung, wird dauerhaft zum Geschäftspartner. Man muss als Unternehmer immer wieder Entscheidungen in Unsicherheit treffen. Jeder Mensch reagiert anders und ein Gesellschafter, der Ihnen Ärger bereitet, kostet Energie und Zeit. Vielleicht später auch noch richtig Geld, wenn Sie ihn ausbezahlen wollen. Wenn Sie schon den Weg der Beteiligung gehen, dann halten Sie mindestens 51 % der Anteile, besser noch 75 %. Sie haben dadurch die Mehrheit und damit das Sagen. Streit ist nicht immer zu vermeiden. Wenn man in der Presse nachschaut, stößt man auf Metro, Saturn, den Fleischriesen Tönnies oder ALDI. Auch in großen Konzernen gibt es immer wieder Ärger.

Brauche ich vorher eine entsprechende Ausbildung?
Für einige der hier aufgelisteten Geschäftsideen lautet die Antwort ja, für andere nein. Es ist natürlich immer hilfreich, schon Ahnung vom entsprechenden Business zu haben. Wichtiges Basiswissen kann man sich aber auch im Internet oder über andere Medien aneignen, wie dieses Buch beweist. Mein Expertenrat ist also der, sich gut vorzubereiten, dann liegt der Erfolg nicht fern.

Ist es notwendig, alles selbst zu wissen und zu können?
Nein. Jeder hat heutzutage die Möglichkeit, sein eigenes Unternehmen mithilfe von frei zugänglichem Fachwissen aufzubauen. Was man braucht, ist der Blick eines Dirigenten. Wenn Ihre Geschäftsidee so weit ist, suchen Sie sich Musiker mit dem nötigen Spezialwissen aus und komponieren Sie Ihre Symphonie. Zweifellos muss man zu Anfang selber ran, um zu lernen, wie man die erste Geige spielt. Deshalb noch einige Worte zum Wissen.

Glaubt man den Aufzeichnungen, dann war der letzte lebende Mensch, der alles enzyklopädische Wissen der Welt auswendig konnte, Gottfried Wilhelm Leibnitz. Man sagt aber auch, dass sich inzwischen das Wissen der Welt alle 2-3 Jahre verdoppelt. Im Jahre 2000 waren es noch 5-7 Jahre. Ein Großteil dieses Wissens ist im Web veröffentlicht und steht meist kostenlos zur Verfügung. Die enthaltenen Informationen sind meines Erachtens der Beginn einer mächtigen Wertschöpfungskette, die die eigene Entwicklung enorm beschleunigen kann.

Image

Habe ich die Chance ein eigenes Image aufzubauen?
Wiedererkennung und die Wahrnehmung einer Marke sind ganz entscheidend. Ein Konsument soll eine Marke mit positiven Eigenschaften verbinden und das Produkt soll sich von anderen unterscheiden. Dazu muss man aber ein Alleinstellungsmerkmal finden, das den Unterschied zu anderen Angeboten deutlich macht.

Finden Sie Ihre eigene Geschichte und erzählen Sie sie. Menschen lieben Geschichten! Hierzu möchte ich selbst eine erzählen. Das Beispiel der „Chacha"-Schuhe. Als ich im Norden Perus in der Region Amazonas unterwegs war, um Hidden Champions zu entdecken, erhielt ich die Nachricht, dass mich jemand wegen Export nach Deutschland sprechen wollte. Ich befand mich zu diesem Zeitpunkt in Cocachimba, etwa eine Stunde außerhalb von Chachapoyas. Eine Frau Mitte vierzig und ihre Tochter besuchten mich und hatten in einem Koffer Schuhe dabei. Sie nannten ihre Marke „Chacha", angelehnt an die Pre-Inka-Kultur der Chachapoyas. Auf diesen Schuhen fanden sich deren Muster wieder.

Die besonderen Motive vereinten somit alte Tradition mit modernem Design und damit war bereits ein Alleinstellungsmerkmal gefunden. Chacha-Schuhe werden in Nordperu produziert und die Firma engagiert sich auch bei sozialen Projekten. Das lokale Handwerk soll dadurch gestärkt werden, was als weitere Besonderheit gelten kann. Bei vielen Produkten wird die Verbindung zur Region oder zu ihrem Nutzen als Markenargument vorgebracht. In dieser Richtung für sein persönliches Business weiterzudenken, ist also sicher keine schlechte Idee.

Habe ich Ideen, die anders sind als die der Konkurrenz?
Ein Beispiel wäre das I-Phone von Apple. Ein neuartiges Mobiltelefon mit einem völlig anderen Tastaturkonzept. Ein Prinzip, das den Markt revolutionierte und wahrscheinlich maßgeblich zum Abstieg der vorherigen Weltmarktführer beitrug. Um so weit zu kommen, braucht es ebenfalls strukturiertes Denken.

Entweder hat man gar keine Idee oder so viele, dass man nicht weiß, mit welcher man beginnen sollen. Für beide Situationen gibt es ein konzeptionelles Vorgehen. Auch Apple wird schrittweise vorgegangen sein und erst im Kleinen die Idee entwickelt, ausgesprochen und getestet haben. Dieses Vorgehen wird heute „Design Thinking" genannt. Ein strukturiertes Vorgehen, um vielleicht schon innerhalb eines Tages eine erste Reaktion von realen potenziellen Kunden zu erhalten. Vielleicht sagen Sie nun: „In einem Tag kann man doch kein Produkt entwikkeln!" Das ist absolut richtig. Man kann jedoch innerhalb eines Tages anhand eines Prototyps (oft ein Blatt Papier oder etwas Gebasteltes) die Meinung von den möglichen Endnutzern einzuholen.

Ist das Ergebnis vollumfänglich perfekt? Nein, ist es nicht. Es ist zufällig und dennoch enorm wertvoll. Wertvoller, als wochen- oder monatelang ein Produkt zu entwickeln, danach Marktstudien zu erstellen, die Entscheidung im Unternehmen für den ersten Prototyp zu erreichen und Menschen oder Maschinen zu suchen, die den Prototyp erstellen. Oft gehen 6 bis 12 Monate ins Land, um dann festzustellen, dass der Endkunde das Produkt nicht haben will.

Die Folgerung ist offensichtlich: Bei jedem zukünftigen Geschäft sollte man vorher herausfinden, ob und wie viel Bedarf dafür besteht.

Welche Interessentengruppen kann man mit seinem Auftritt erreichen?

Als ich mit meinem eigenen Business startete, wurde ich belächelt. „Peru ist doch viel zu klein! Wieso bieten Sie Ihr Produkt nicht in ganz Lateinamerika an, dann haben Sie viel mehr Potenzial?" Das hörte ich immer wieder. Ich beschäftigte mich also mit Lateinamerika. Ich recherchierte im Web und fand Beratungsfirmen, die ganz Lateinamerika abdeckten. Auch Mexico, Brasilien, Chile und Argentinien. Ich las mir ihre „Wir über uns"-Rubriken durch und informierte mich über ihren Leistungsumfang. Es klang so, als ob diese Firmen alles könnten. Jedes Land, jede Branche, auf Spanisch und Portugiesisch. Doch von meinen Reisen durch Mexico, Panama, Kuba, Venezuela, Kolumbien, Ecuador, Brasilien, Bolivien, Uruguay, Argentinien und Chile nahm ich mit, dass jedes

Land anders ist. Auch in Ländern mit gleicher Sprache ticken die Uhren komplett anders. Ich überlegte, wie viele Departamentos ich eigentlich von Peru kannte. Bis dahin hatte ich einiges gesehen, Costa, Sierra und Selva, und doch so wenig vom ganzen Land. Also beschloss ich mich nur auf Peru zu konzentrieren, da ich hier seit 1999 unterwegs war.

Bekräftigt hat mich der Blick der „Engpasskonzentrierten Strategie". Dieser Ansatz besagt: Machen Sie am Anfang Ihre Zielgruppe so klein wie möglich und lösen Sie deren größtes Problem. 50 potenzielle Kunden sind für den Anfang ausreichend.

Ich setzte diese Strategie um, mit der Folge, dass ich insgesamt nur etwa 200 Deutsche und Peruaner in meinem Netzwerk hatte. „Immerhin, es sind schon mehr als 50", dachte ich. Mit der Zeit weitete sich mein Netzwerk automatisch aus. Heute sind es mehrere Tausend Kontakte, die ich in beiden Ländern pflege. Eine Spezialisierung ist also auch eine große Chance.

Kontakte sind aber keine Zielgruppe. Also definierte ich die ideale Zielgruppe für mich. Zunächst schloss ich alles aus, wofür ich mich nicht interessierte. Das war z. B. der Immobilienmarkt, aber auch Regierungsaufträge, technische Umweltberatung, Vermittlung von Volunteers und/oder Reisen sowie die Vermittlung von Finanzanlagen.

Als Zielgruppe blieben also Menschen übrig, die eine Liebe zu Peru haben und eine Firma gründen wollen, denen ich mit meinem Wissen helfen konnte.

Finanzen

Seine Finanzen im Griff zu haben ist eine wichtige Voraussetzung für den Erfolg. Das gilt sowohl für die angestrebte Geschäftstätigkeit als auch für die Vorbereitung. Kalkulieren Sie also genau, welche Geldmittel Sie zur Verfügung haben und wie lange Sie damit durchhalten können, ehe sich erste Gewinne einstellen. Falls die bestehenden Reserven nicht ausreichen, kann man unter Umständen Fördermittel beantragen.

Die Agentur für Arbeit hat großes Interesse daran, die Menschen in Lohn und Brot zu bringen, weswegen sie als erste Anlaufstelle gelten kann. Auf der Internetseite gibt es eine Vielzahl von Informationen, wenn Sie dort das Suchwort „Gründung" eingeben.

Die Förderungen beschränken sich jedoch nicht nur auf deutsche Staatsbürger, auch für Ausländer gibt es dort Angebote und Unterstützung.
www.arbeitsagentur.de/fuer-menschen-aus-dem-ausland/existenzgruendung-fuer-menschen-aus-ausland

Die Förderdatenbank des Wirtschaftsministerium enthält weitere Programme und Finanzhilfen der EU, des Bundes und der Länder.
http://www.foerderdatenbank.de/Foerder-DB/Navigation/Foerderwissen/gruendung-wachstum.html

Weitere Bezuschussungsarten nennt der folgende Artikel.
www.fuer-gruender.de/kapital/foerdermittel/zuschuss/

Eine andere Form, Projekte, Produkte oder Start-Ups zu

finanzieren, ist das Crowdfunding. Dies wird meist über das Internet organisiert. Man definiert eine vorgegebene Summe, die in einem bestimmten Zeitraum erreicht werden soll. Die Unterstützer erhalten dafür meist eine nicht-finanzielle Gegenleistung. Oftmals ist es aber auch eine Ausfertigung des Projektergebnisses. Da es sich dann um eine Art Vorverkauf handelt, ist diese Form des Crowdfundings als Test für das Marktpotenzial einer Idee geeignet.

Darüber hinaus suchen auch peruanische Privatinvestoren immer gute Investitionsmöglichkeiten. Es sind nicht selten fünfstellige Beträge, die in pfiffige Geschäftsmodelle fließen.

Ich sprach mit einem Peruaner, der in der Schweiz lebt und drei Firmen Geld anbot. Bei einer unangekündigten Besichtigung einer Firma war er jedoch schockiert. Schlechter Service, Chaos im Betrieb. So hatte er es sich nicht vorgestellt. Er fragte, ob ich ihn dabei unterstütze könne, geeignete Firmen zu finden.

Produkt

Ist mein Produkt zukunftsfähig?
„Bei allem, das wir tun, glauben wir daran, den Status quo herauszufordern", so kommuniziert Apple und stellt dadurch das eigene Produkt infrage. Apple und andere große und kleine Firmen ruhen sich nicht auf ihrem Produkt aus. Denn sie wissen, es kann sich alles sehr schnell ändern. So wie das Auto die Pferdekutschen verdrängte, Grundig verschwand oder Nokia. Es gibt viele Beispiele dafür.

Also was tun? Immer das eigene Produkt oder Angebot kritisch hinterfragen, ob es den Grundbedarf des Kunden abdeckt. Damit nochmals zu den Pferden. Ein Grundbedürfnis der Menschen ist es, von A nach B zu kommen. Also die Mobilität. Überlegen Sie: „Worin besteht das Grundbedürfnis beim Telefonieren?". Für mich liegt es in der Kommunikation, nicht nur in Worten, sondern auch in Bildern. Mehr noch, eine Sprachnachricht, ein Videochat, all das ist inzwischen normal. Endet die Entwicklung an dieser Stelle? Ich glaube nicht.

Zukunftsfähigkeit bedeutet auch Nachhaltigkeit. Überlegen Sie, welchen Nutzen Ihr Produkt für die Umwelt stiftet oder was mit dem Produkt passiert, wenn es nicht mehr benutzt wird. Bauen Sie sich einen Produktkreislauf bis hin zur Wiederverwertung der einzelnen Bestandteile auf. Auch das ist Zukunftsfähigkeit.

Sie sollten sich also zunächst bewusst darüber werden, was für Ihre Firma oder ihr Produkt spricht. Daraus ergibt sich dann auch, welche Merkmale vielleicht noch fehlen. Ein paar Leitfragen dazu:

Was macht meine Firma besonders?
Was macht mein Produkt besonders?
Welchen besonderen Service biete ich?
Ist mein Produkt nachhaltig?
Trägt mein Produkt zur Verbesserung der Lebensverhältnisse bei?
Wie ist mein Produkt in der Handhabung?
Hat es ein besonderes Design?
Wie aufwendig ist es, mein Produkt zu erwerben?
Transportiert mein Produkt ein besonderes Image?

Braucht man Umverpackungen in kleinere Einheiten?

Zunächst eine Begriffsklärung: „Die Umverpackung ist eine zusätzliche Verpackung um Verkaufsverpackungen herum, die dazu dient, die Abgabe von Waren im Wege der Selbstbedienung zu ermöglichen, die Gefahr des Diebstahls zu verringern und Werbung aufzubringen. Sie unterliegt der Verpackungsverordnung und weist eine Rücknahmeverpflichtung auf. Dem Endverbraucher ist Gelegenheit zur Entfernung und kostenlosen Rückgabe der Umverpackung zu geben."

Quelle:www.wirtschaftslexikon24.com/d/umverpackung/
umverpackung.htm

Sind Sie in der Dienstleistungsbranche tätig, erübrigt sich die Frage des manuellen Umverpackens. Worauf Sie achten müssen, ist, dass Sie auch kleine Einheiten oder Aufträge zu einem fairen Preis anbieten können. Bei digitalen Produkten ist dies normalerweise gewährleistet. Bei persönlicher Beratung müssen Sie abwägen, wie Sie damit umgehen. Ich für meinen Teil, verschenke inzwischen „Gratiscoachings".

Bei Waren wie Alpaka, Superfoods oder Silber brauchen Sie Umverpackungen. Sie können sich selbst darum kümmern oder einen Dienstleister beauftragen, schon in Peru oder erst in Europa. Im Beispiel kommen Früchte in Containern aus Peru nach Europa und werden in den Niederlanden in kleine Einheiten umverpackt. Zu beachten sind durch Sie die gesetzlichen Auflagen und hier insbesondere die Verpackungsverordnung.

Brauche ich bestimmte Angaben nach EU-Recht für Etiketten o.Ä.?

Prüfen Sie unbedingt, welche Preiskennzeichnungspflicht und weitere Informationspflichten für das Produkt bestehen. Gehen Sie zur Industrie- und Handelskammer, zum Unternehmerverband oder suchen Sie im Internet. Sie werden mit wenig Zeitaufwand wertvolle Informationen finden. Es gibt eine Menge Verordnungen z. B. für die Lebensmittelkennung, für Textilien, Preisverordnung für öffentliche Aufträge oder für Energieeffizienzen.

Link Preisangabenverordnung
www.gesetze-im-internet.de/
pangv/BJNR105800985.html

Link Lebensmittelkennung
www.bmel.de/DE/Ernaehrung/Kennzeichnung/
kennzeichnung_node.html

Europäische Textilkennzeichnungsverordnung
Die Verordnung (EU) 1007/2011 legt die Vorschriften über die Bezeichnungen von Textilfasern und die damit zusammenhängende Etikettierung und Kennzeichnung der Faserzusammensetzung von Textilerzeugnissen fest. Das Textilkennzeichnungsgesetz (TextilKennzG) schafft im wesentlichen den Rechtsrahmen für die Durchführung und den Vollzug der europäischen Textilkennzeichnungsverordnung.

Wo kann man so etwas drucken oder produzieren lassen?
Ein Heer von Anbietern steht für Sie bereit.
Hier einige Beispiele:

www.etikett.de
www.print24.com
www.vistaprint.de
www.flyeralarm.com.de

Falls Sie selbst die Etiketten drucken wollen, dann finden Sie hier Geräte und Maschinen:

www.esto.de/etikettendrucker.html
www.aisci.de/Produkte/Etikettendrucker/

Habe ich die Chance, das Ursprungsgeschäft mit anderen Waren auszuweiten?
Sie werden schnell feststellen, dass andere Produkte Ihres gut ergänzen können und eventuell erste Kunden schon danach fragen. So können Sie Alpakamode für Erwachsene gut mit der Mode für Kinder kombinieren, Lebensmittel passen vielleicht zu Pisco. Umweltberatung passt vielleicht zum Öko-Tourismus. Rechtsberatung passt zur Steuerberatung oder Business-Beratung. Seien Sie offen und flexibel, ohne sich zu verzetteln. Befragen Sie Ihre Kunden und hören Sie genau zu, welche Bedürfnisse sie direkt oder indirekt äußern. Entdecken Sie zusätzliche Kundenwünsche, können Sie diese befriedigen, was aber nicht zwingend geboten ist. Zumindest nicht sofort, denn der solide Aufbau einer Geschäftsstruktur hat erst mal Vorrang.

Materialbeschaffung

Muss ich für Einkäufe selbst nach Peru oder Deutschland reisen?
Sowohl in Peru als auch in Deutschland gibt es zahlreiche Händler, die Ihnen Ihre Produkte beschaffen. Anfangs empfiehlt es sich, diese mit Bedacht auszuwählen und häufiger vor Ort zu sein. Wenn die Geschäftsverbindung einmal etabliert ist, reduziert sich der Aufwand vor Ort. Es bleiben jedoch noch weitere Herausforderungen. Die Sicherung der Qualität, die Sicherung der Beschaffungsmenge, die Sicherheit, dass nicht betrogen wird. Um all das zu gewährleisten, hat es sich in der Praxis bewährt, mindestens einmal, besser zweimal jährlich vor Ort zu sein. Das gilt für beide Länder. Hinzu kommt, dass Sie sich ein Lieferantenportfolio aufbauen müssen, für den Fall, dass es Schwierigkeiten oder Ausfälle gibt.

Brauche ich Personen, die die Reise dorthin ersetzen?
Die brauchen Sie ganz dringend. Es können Familienangehörige sein, Freunde oder Berater. Diesen Weg wählen die meisten Firmen. Alle haben Personen ihres Vertrauens vor Ort. Kombiniert mit den 1-2 persönlichen Besuchen funktioniert die Beschaffung sehr gut.

05 Inka-Digital

Tipps zur Internetseite

Natürlich ist ein Internetauftritt für Sie, wie für jede Firma, Pflicht. Das ist unabhängig von der Größe und vom Geschäftsmodell. Nur mit Internetpräsenz werden Ihre Firma und damit Ihre Produkte am Markt wahrgenommen.

Braucht es eine eigene Homepage?
Ihre Homepage ist wie ein überregionales Aushängeschild. Da Kunden unterschiedliche Vorlieben haben, besitzen Firmen meist verschiedene Auftritte. Sei es die eigene Homepage oder die Präsenz in den sozialen Netzwerken.

Wie schaffe ich Aufmerksamkeit?
Ihr Internetauftritt trägt zur Kundenbindung bei. Sie können in sozialen Netzwerken posten, einen Blog aufbauen und eine eigene Interessentenliste kreieren.

Braucht es einen eigenen Online-Shop ?
Online Shops haben den Vorteil, dass der Kunde täglich rund um die Uhr unabhängig von Öffnungszeiten dort einkaufen kann. Es gibt eine große Bandbreite von Möglichkeiten. Von der eigenen Software bis zur Nutzung von Shop-Plattformen. Entscheidungsgrundlagen sind unter anderem die Kosten, technisches und rechtliches Know-How sowie das Produktangebot.

In dieser Checkliste erhalten Sie einen Überblick über wichtige Punkte, die entschieden werden müssen.

Zielgruppengerechte Gestaltung
Wie nutzen die potenziellen Kunden, die erreicht werden sollen, das Internet? Privat, geschäftlich? Welche Geräte bevorzugt die Zielgruppe: Smartphone, PC, Laptop oder Tablet? Welche PC-Kenntnisse und wie viel Erfahrung im Umgang mit dem Internet können Sie voraussetzen? Sollen potenzielle Neukunden Ihren Web-Auftritt über Suchmaschinen finden können?

Domainname
Der Domainname ist das allerwichtigste Keyword für die Suchmaschinen. Also der Suchbegriff, unter dem die Webseite gefunden werden kann. Versetzen Sie sich also in Ihre Zielgruppe hinein und stellen Sie sich vor, welche Begriffe Sie eingeben würden, um nach Ihrem Produkt zu suchen. Ob der gewünschte Domainname noch frei ist, kann man auf www.checkdomain.de überprüfen. Wenn Sie nur einen einzelnen Domainnamen haben möchten, übernimmt die Buchung meist Ihr Internetprovider. Wollen Sie jedoch mehrere, um die Endungen zu sichern (wie etwa Alpaka.de / .com / .eu), können Sie sich diese auch selbst bestellen.

Voraussetzung für Suchmaschinenoptimierung (SEO)
Die Voraussetzung für korrekte Suchmaschinenoptimierung ist, dass man den Html-Programmiertext ändern oder ergänzen kann. Und zwar für jede Unterseite individuell. Nur so hat man die Option, sogenannte Meta-Tags zu setzen. Diese beschreiben den Webseiteninhalt extra für die Suchmaschinen. Nicht immer ist diese Möglichkeit gegeben, etwa wenn man vorgegebene Layouts benutzt, ohne die Quelldatei zu besitzen. Wählen Sie Ihren Provider also so aus, dass SEO überhaupt möglich

ist. Für das „Hosten", also die Hinterlegung der Internet-seite, findet man unzählige Anbieter. Einige davon werden in einem späteren Abschnitt noch genannt werden.

Texte, Elemente und Suchmaschinen
Beschreibungen oder Artikel, die sich auf Ihrer Webseite befinden, sind ebenfalls eminent wichtig für die Auffindbarkeit im Internet. Geben Sie sich also viel Mühe damit und und schreiben Sie ausführlich für beide, für Ihre Kunden und für Google! Das perfekte Suchmaschinentexten ist eine Kunst für sich, es reicht jedoch zu wissen, dass in den Texten ebenfalls so viele Keywords wie möglich vorkommen sollten. Das aber in einer Dichte, dass es weder von den Besuchern, noch von den Suchmaschinen bemerkt wird. Alle weiteren Elemente wie Fotos, Videos oder andere Dekoration sollte schon im Dateinamen mit Keywords betextet werden. Es gibt noch ca. 30 weitere Ansprüche für SEO, doch der Ausflug in dieses Spezialgebiet endet hier.

Funktionalitäten der Webseite
Die wichtigste Funktion einer Webseite ist heutzutage die Mobilgeräte-Optimierung. Das bedeutet, dass sich die Webseite automatisch an die Bildschirmgröße des Gerätes anpasst, von dem sie aufgerufen wird. Daneben gibt es die Möglichkeit, ein Gästebuch, ein Forum, einen Downloadbereich oder Mitglieder-Logins einzurichten. Ein Newsletterversand auf Basis einer eigenen Kundenliste ist sehr zu empfehlen.

Hierbei gilt zu beachten, dass für solche 'dynamischen' Webseiten teilweise ein erweitertes Impressum oder ein Cookie-Hinweis gesetzlich vorgeschrieben ist. Informieren Sie sich über Haftungsrisiken und geeignete Lösungen sowie Pflichten bei der Erstellung des Impressums und der Datenschutzgrundverordnung.

Gestaltung, Design, Farben und Logo
Alles bei einer modernen Internetseite ist auf Geschwindigkeit ausgelegt. Um dies zu erreichen, werden sämtliche Teile web-optimiert. Es ist daher kontraproduktiv, hochauflösende Fotos hochzuladen, weil sie die Ladezeit enorm verlängern. Visuelle Elemente müssen also per Bildbearbeitungsprogramm komprimiert werden. Verzichtet man darauf, wirft das die Webseite auch in den Suchmaschinen zurück. Demnach ist es auch sinnvoll die Anzahl der einzelnen Elemente gering zu halten. Stattdessen sollte das Design übersichtlich gehalten und auf viele Unterseiten verteilt werden.

Welcher Aufwand entsteht bei der Erstellung?
Eine einfache Internetseite zu erstellen ist sicher keine unlösbare Aufgabe, wie einige unserer Interviewpartner schon bewiesen haben. Schwieriger wird es, wenn Bilder, Logos, Farben, Schriftgrößen und -arten sowie weitere Details bestimmt werden müssen, damit ein ansprechendes Gesamtbild entsteht. Damit sind Sie gleichzeitig in mehreren Berufsfeldern tätig, beginnend vom Designer über den Bildbearbeiter und den Programmierer bis hin zum Texter.

In der Praxis kenne ich nur ganz wenige Unternehmer, die viel Zeit hiermit verbringen. Sie werden woanders gebraucht. Daher tendiere ich dazu, sich externes Know-How dazuzuholen, entweder zu 100 % oder nur teilweise. Sie können einen Webdesigner engagieren oder nebenberufliche Spezialisten, die Ihnen sehr viel Mühe und Zeit einsparen können.

Kann ich das trotzdem selbst machen?
Natürlich können Sie alles selbst erlernen und ausführen. Ja, es macht sogar Spaß. Auch ich habe meine erste Seite selbst erstellt und war stolz darauf. Über Youtube-Videos habe ich mich gründlich informiert. Etwa 40 Stunden habe ich hierfür investiert, doch wenn ich heute darauf zurückblicke, war das verlorene Zeit. „Ich habe Zeit investiert, um Geld zu sparen". Besser wäre gewesen „Geld zu investieren, um Zeit zu sparen".

40 Stunden in das Schreiben eines E-Books zu investieren oder in die Konzeption und Erstellung eines Seminars oder Podcasts, wäre wirksamer gewesen. Ein Podcast behält seinen Wert über die Zeit, die von mir erstellte Homepage habe ich zwei Jahre später komplett überarbeiten lassen.

Gibt es kostenlose Shop-Software?
Zahlreiche Internetgesellschaften bieten Ihnen auch Basisfunktionalitäten für einen Shop an. Die verschiedenen Preismodelle gehen von gratis über kostenpflichtig bis teuer. Gratisangebote reichen oft nicht aus und man muss Funktionen dazubuchen, die extra zu bezahlen sind. Es gibt jedoch auch externe und kostenfreie Shopsysteme, die später noch aufgeführt werden.

Gibt es fremde Werbeformate, die zusätzlich auf die Webseite gespielt werden können?
Es gibt viele automatisierte Werbevermittler wie beispielsweise Google Adsense, Plista, Adscale und so wei-

ter. Solche Anbieter sind als Einnahmequelle für Blogs oder Internetseiten nötig, die keine eigenen Produkte verkaufen. Daneben existieren zahlreiche Affiliate-Programme, bei denen per Link und auf Provisionsbasis für fremde Angebote geworben wird. Wenn also eine Internetseite für Alpaka-Mode Werbeanzeigen für Reisen nach Peru schaltet, könnte das ein nettes Zubrot sein. Ein gutes Einkommen ausschließlich durch Werbeeinnahmen zu erwirtschaften, ist erst bei Zugriffszahlen ab zwei Millionen Besuchen (nicht Besuchern) im Jahr zu erwarten. Seine eigene Webseite mit externer Werbung auszustatten ist daher eine Option, aber nicht immer sinnvoll, Denn auch ausgehende Links werden von Suchmaschinen erfasst und die Webseite abgewertet.

Wie muss ein rechtlich sicheres Impressum und ein Hinweis auf die Datenschutzgrundverordnung aussehen?
Das müssen Sie unbedingt individuell für Ihr Business klären! Das Impressum eines Heilpraktikers muss völlig anders aussehen als das eines Blogs. Es gibt aber auch vorgefertigte Impressen und Pflichtangaben z. B. bei www.e-recht24.de. Doch auch hier müssen Sie die AGBs beachten. Große Rechtsanwaltskanzleien stellen extra Praktikanten ein, um vielleicht auch Ihre Webseite zu prüfen. Ist sie nicht in allen Teilen rechtskonform, gibt es eine Abmahnung. In diesem Fall sind ein paar Hundert Euro sowie das Honorar des Rechtsanwalts zu bezahlen. Egal ob Sie eine 1-Mann-Firma oder einen Konzern mit 100.000 Mitarbeitern vertreten, die gesetzlichen Bestimmungen sind grundsätzlich die gleichen. Um sehr ärgerliche Überraschungen bei dem Thema zu vermeiden, empfehle ich ausdrücklich, sich damit eingehend zu beschäftigen.

Tipps zum digitalen Marketing

Die Macht des Internets wächst unaufhörlich, denn es dient nicht nur Firmen als eine Art Werbeplattform mit unbegrenztem Einzugsgebiet. Unzählige Menschen können damit erreicht werden, unter denen sich garantiert auch einige Käufer finden. Inzwischen ist es sogar zwingend notwendig für Unternehmen oder Projekte, eine Internetseite zu haben, denn ohne wirkt man unseriös.

Oft ist der Online-Vertrieb Bestandteil der beschriebenen Geschäftsideen. In diesem Kapitel gehe ich näher darauf ein, mit welchen Instrumenten Sie in der Partitur der Verkaufsförderung mitspielen können. Hier finden Sie Praxiserfahrung aus erster Hand und sehr interessante Links zu Werkzeugen, die Ihnen das Leben erleichtern.

Die fünfzehn Themen dieser Rubrik in der Übersicht:
01 Die Startseite oder Landing Page
02 Anbieter für Hosting
03 Aufbau eigener Webseiten
04 Suchmaschinenoptimierung (SEO)
05 Rechtliches zum Impressum
06 Bloggen
07 Soziale Medien organisieren und pflegen
08 Automatisierung des Verkaufs
09 Newsletter und E-Mail-Marketing
10 Erstellung eines Podcast und Video Kanals
11 Webinare. Weltweit persönlich erlebbar
12 Erstellen Sie Ihr eigenes E-book
13 Das Präsenzseminar oder Event oder Workshop
14 Der Videokurs
15 Das eigene gedruckte Buch

Zunächst aber noch ein paar allgemeine Hinweise:

Online-Netzwerke
Können ausgesprochen nützlich sein. Schauen Sie, welche Netzwerke zu Ihnen passen, und vernetzen Sie sich. Werden Sie Mitglied in einer Gruppe in den sozialen Medien, stellen Sie sich anstatt mit einem Bericht mit einem Video oder einem ausgefallenen Bild vor. Kommentieren Sie Berichte anderer oder melden Sie sich auf den Nachrichtenseiten zu Wort. Finden Sie relevante Influencer und gehen Sie auf diese zu.

Reale Netzwerke
Überlegen Sie, ob Sie Kongresse besuchen möchten, ob an Veranstaltungen wie Meet-ups oder Messebesuche infrage kommen. Es gibt Unmengen an Events. Wählen Sie die für Sie passenden aus. Qualität geht hier vor Quantität.

Medien
Es gibt unzählige Medien und einige davon freuen sich über neuen Content. Finden Sie heraus, welche Presseverteiler und Medienvertreter gut zu Ihrem Business passen, und bieten Sie Ihre Inhalte an. Ich kenne mehrere Deutsche, über die das ZDF eine Reportage veröffentlicht hat. Die unglaubliche Wirkung war völlig kostenfrei. Sprechen Sie auch die Offline-Welt an. Es gibt auch genügend Fachmagazine, Bücher und andere Möglichkeiten, sich zu präsentieren.

Gratis E-Books
Stellen Sie einfach Ihr Wissen und Ihre Erfahrungen in einem E-Book zusammen. Das müssen keine 200 Seiten

sein. Ich kenne E-Books mit 20 Seiten, einer Schrift-größe von 14 Punkt und riesigen Überschriften. Diese wurden in einem simplen Textverarbeitungsprogramm wie Word geschrieben und danach in ein PDF umgewandelt. Die meisten E-Books haben auch keine ISBN-Nummer. Das bedeutet, dass Sie ganz einfach Ihr eigenes E-Book schreiben können. Holen Sie sich dann Feedback von Ihren Freunden und Bekannten oder bitten Sie in einer Social-Media-Gruppe um Anregungen.

Seien Sie sicher, dass es viele Menschen gibt, die Sie unterstützen, schließlich hat jeder einmal so begonnen. Keiner kam auf die Welt und konnte E-Books schreiben. Seien Sie auch versichert, dass jede Information Ihren Kunden weiterhilft. Entweder weil sie neu ist oder weil Sie die vorhandene Information bestätigen. Das gibt Ihrem Kunden Sicherheit.

Die Vorbereitung der Positionierung
Es geht immer darum, seinen Erfolg kontinuierlich zu verbessern. Das bedeutet, sich von Anfang an mit dem Markt zu vergleichen. Es gibt immer etwas zu optimieren. Das ist eine Frage der inneren Haltung. Wenn Sie sich das zu eigen machen, dann können Sie erfolgreicher als viele andere werden. Eine hilfreiche Methode dafür ist die SWOT-Analyse. (SWOT: Strengths, Weakenesses, Opportunities, Threats). Es hilft bei einer ehrlichen Selbsteinschätzung, um sich mit dem Markt zu messen.

Tipps zum visuellen Auftritt (Corporate Design)
An einem einprägsamen Erscheinungsbild wird man sofort wiedererkannt. Blicken wir mal gemeinsam auf die Global-Player. Das sind Automobilmarken (wie BWM,

Audi, Tesla), Sportartikelhersteller (wie Puma, Adidas, Nike), Getränkehersteller (wie Red Bull, Jägermeister, Inca Cola), Online-Händler (wie Amazon), Elektronikhersteller (wie Apple, Samsung), Fluglinien (wie Latam, Lufthansa, Emirates), SocialMedia-Plattformen (wie Xing, LinkedIn, Facebook), Restaurantketten (wie McDonald's, Vapiano, Tanta), Sportgrößen (wie der DFB, Real Madrid, Bayern München) oder Telekommunikationskonzerne (wie Telekom, Claro, Movistar, Vodafone).

Diese Namen lösen wahrscheinlich Bilder und Assoziationen in Ihnen aus. Sie sehen im Geist ein Logo, können es zuordnen und verbinden damit bestimmte Eigenschaften. Wenn dieser Zustand in Zukunft auch bei Ihnen erreicht wird, haben die Experten für Corporate Design und Markenführung alles richtig gemacht.

Nehmen Sie sich also Zeit, um den Auftritt zu gestalten, Farben auszuwählen, Schriftarten, Bilder und vielleicht auch ein Logo. Holen Sie die Meinungen von Freunden und Bekannten ein, um einen Blick für die Wirkung zu bekommen. Es kristallisiert sich schnell heraus, was gut zu Ihnen passt. Rot und Weiß symbolisieren in meinem Unternehmen die Farben von Peru. Ich hatte lange überlegt, ob ich ein Logo brauche oder nicht. Am Ende kam ich zu der Entscheidung, darauf zu verzichten und dafür den Schriftzug meiner Firma wie ein Logo zu verwenden.

Zum Logo noch einen wichtigen Kommentar: Prüfen Sie, ob es nicht vielleicht schon von einem anderen Unternehmen benutzt wird. Durch die Vielfalt gibt es immer wieder Schwierigkeiten. Man kann ein Logo auch rechtlich schützen lassen. Zum Beispiel als Trademark, Wort- oder Bildmarke.

01 Die Startseite oder Landing Page

Ein paar Worte zur wichtigsten Seite Ihres persönlichen Internetauftritts. Nur fünf Sekunden, sagt man, braucht ein Besucher auf der Landing Page, um zu entscheiden, ob er bleibt oder die Seite sofort wieder verlässt. Also sollte eine Startseite den Besuchern etwas bieten.

Im Vergleich zur Konkurrenz muss man, um den Besucher auf der Webseite zu halten, entweder anders, besser oder genau so sein, wie es die Zielgruppe erwartet. Einige Mittel, um diesen Zustand zu erreichen, wären beispielsweise beeindruckende Bilder, spezielle Videos, informative Texte, aber auch spezielle Funktionen wie Kundenfeedback mit einem gemeinsamen Foto (Social Proof), ein Aufruf zu einer Aktivität (call-to-action), die Einladung zur Vernetzung in sozialen Netzwerken, das Angebot eines Newsletters und noch vieles mehr.

Die Qualität des visuellen Konzeptes entscheidet wesentlich über die Verweildauer und damit über das Interesse an Ihrem Angebot.

02 Anbieter für Hosting

Hier eine kleine Auswahl an Anbietern. Sie werden noch viele weitere finden, mit vielen verschiedenen Tarifen und Angebots-Paketen. Legen Sie fest, was Sie brauchen, aber lassen Sie sich Spielraum. Ihr Bedarf kann sich mit der Zeit erweitern.

1&1

Der Anbieter aus dem Westerwald ist nicht nur bei der Telefonie stark, sondern auch im Hosting. Langjährig am

Markt und gut aufgestellt, präsentiert sich die Firma als nachhaltiger Partner. Hier sind Sie auf jeden Fall richtig. www.1und1.de

Strato
Der deutsche Anbieter aus Berlin fokussiert sich auf Homepages. Telefonie ist nicht sein Gebiet. Es gibt eine kostenlose Telefon-Hotline oder Beratung per Mail. Die Mail-Antwortzeiten liegen innerhalb von 24 Stunden und sind hochwertig. Auch sehr empfehlenswert. www.strato.de

DomainFactory
Der deutsche Anbieter aus der Nähe von München ist seit vielen Jahren am Markt und auf Domains spezialisiert. Eine solide Adresse mit zahlreichen Auszeichnungen. www.df.eu

Host Europe
Der Anbieter aus Köln ist seit vielen Jahren etabliert und auf das Hosting spezialisiert. Host Europe und Domain Factory gehören zur gleichen Firmengruppe. Gesellschafter ist GoDaddy aus den USA.
www.hosteurope.de

Wp-Webhosting
Der Anbieter aus Brandenburg ist auf WordPress spezialisiert und versucht durch seinen Preis zu überzeugen. www.wp-webhosting.de

03 Aufbau eigener Webseiten

Mit Elan wollte ich die Seite zusammenstellen. Mein Hosting-Anbieter Strato hatte hierfür ein vorgefertigtes Tool. Also begann ich die Ärmel hochzukrempeln. Ich dachte an ein bisschen Text, der mir leicht von der Hand geht, ein paar Bilder, vielleicht ein Kontaktformular und daran, etwas mit den Farben spielen. Das Ergebnis war einfach nur schlecht.

Mir fehlte ein Plan, wie man die Seite so gestaltet, dass Besucher neugierig werden. Nachdem ich WordPress entdeckt hatte, begann ich stundenlang Videos zur Anwendung zu schauen. Vielleicht waren es 50 Stunden Tutorials, vielleicht auch 100. Ich wünschte mir schicke Seiten, die ich selbst verwalten konnte. Ein Blog sollte auch dazugehören. Also kämpfte ich mich endlos durch die Videos und bat erst spät um Unterstützung. Ich fand über Xing einen Kontakt, der sich damit auskannte. Ihm habe ich es zu verdanken, dass die Seite ein gewisses Mindestniveau erreichte.

Meine lessons learned sind:
- Lassen Sie sich zeigen, wie Sie Inhalte auf Ihren Webseiten aktualisieren.
- Wenn Sie kein Experte für Kommunikation und Marketing sind, dann bitten Sie Spezialisten, das zu übernehmen, denn Sie brauchen ein klares Konzept.

Leitfragen dazu:
- Was soll auf den Seiten stehen?
- Wie sollen diese erreichbar sein?
- Welche Struktur steht hinter den Informationen?
- Wie ist die Menüführung auf der Seite?

Technische Standards für Webdesigns und Algorithmen von Suchmaschinen ändern sich ständig. Überprüfen Sie daher regelmäßig wie aktuell Ihr Auftritt noch ist. Seit geraumer Zeit gehört es zu den Mindestanforderungen, dass eine Internetseite für Mobilgeräte optimiert ist. Was in der Zukunft noch kommen wird, muss abgewartet werden, man sollte die Entwicklungen aber nicht verpassen.

Falls Sie sich entschieden haben, Ihre eigene Zeit für den Aufbau der Internetseite einzusetzen, benötigen Sie rudimentäre Kenntnisse einer Programmiersprache. Da jedoch die meisten Menschen keine dieser Sprachen beherrschen, wurden sogenannte Content Management Systeme (CMS) entwickelt. Hierbei gibt man die Inhalte in eine Maske ein und diese werden automatisch in die Programmiersprache umgesetzt.
Die bekanntesten CMS-Programme sind:
Joomla,
Redaxo,
Typolight
Wordpress

Das verbreitetste CMS ist Wordpress. Die Basisversion inklusive Vorlagen für verschiedene vorprogrammierte Layouts erhalten Sie kostenlos.

Fotos, Zeichnungen und Grafiken sind zentraler Bestandteil einer modernen Webseite. Inzwischen hat sich wohl auch herumgesprochen, dass es verboten ist, Bilder einfach so aus dem Internet zu kopieren. Das hat bereits zu einer bizarren Abmahnwelle geführt, bei der Anwälte Aushilfskräfte einstellten, um mögliche Verstöße aufzudecken. Fehlte ein Nachweis der Urheberschaft, wurde eine Abmahnung verschickt. Deshalb der dringende Hinweis: Wenn möglich, verwenden Sie nur eigene Bilder oder kaufen Sie offizielle Lizenzen. Bilder kaufen kann man bei:

www.fotolia.de
www.shotspot.de
www.istockphoto.com.de

Zusammenfassend erkennt man professionelle Homepages auf den ersten Blick, im Umkehrschluss aber auch eine selbstgebastelte Seite. Investieren Sie also besser in Ihr Aushängeschild, es lohnt sich!

04 Suchmaschinenoptimierung (SEO)

Wikipedia beschreibt die Definition in dieser Weise: „Suchmaschinenoptimierung, auf Englisch search engine optimization (SEO), bezeichnet Maßnahmen, die dazu dienen, dass Webseiten und deren Inhalte im organischen Suchmaschinenranking (natural listings) auf den vorderen Plätzen erscheinen.“

Stellen Sie sich vor, Sie suchen in Google nach „Alpakaschal". Es werden ungefähr 18.000 Begriffe hierfür gefunden. Auf der ersten Seite der Suchergebnisse sind ganz oben mehrere Webseiten als „Anzeige" gekennzeichnet. Und danach sehen Sie das Ergebnis von SEO. Die nächsten Webseiten erscheinen aufgrund des Suchmaschinenrankings auf den vorderen Plätzen. Vielleicht schauen Sie noch auf die Übersichtsseiten 2 und 3, aber wahrscheinlich nicht weiter. Jetzt stellen Sie sich vor, Ihre Homepage steht erst auf Seite 11. Wer würde Sie dann finden? Um den Suchmaschinenplatz zu verbessern, gibt es Spezialisten, die durchaus nicht billig sind. Ein guter Rang ist jedoch unbezahlbar, weil er über Jahre hinweg ein Höchstmaß an Nutzern erreicht. Eine Webseite, die nicht SEO-optimiert ist, bleibt eine Visitenkarte im Netz. Eine Webseite, die auf einem guten Platz liegt, verdient Geld.

Weil Google seine Art der Priorisierung, die sogenannten Algorithmen, streng geheim hält, erscheint das alles wie ein Wettrennen. Die Algorithmen haben sich in der Vergangenheit schon mehrfach plötzlich geändert und meistens sieht man Google „nur von hinten".

Ein echter SEO-Spezialist wird Ihnen aber drei Dinge sagen. Erstens, dass man neue Algorithmen gar nicht kennen muss. Stattdessen entscheidet nur die Fähigkeit, sich in Suchmaschinen hineinzuversetzen.

Womit direkt der zweite Punkt angesprochen ist, denn Google ist nicht die einzige Suchmaschine. Der dritte, aber vielleicht wichtigste Anspruch ist, genauso denken zu können wie die gewünschte Zielgruppe. Denn das bestimmt den sichtbaren Text einer Webseite.

Um dem SEO für den Eigenbedarf Hilfe zu leisten, haben sich eine Reihe von Analyse-Werkzeugen etabliert, die die Suchmaschinenoptimierung regelmäßig überprüfen. Es sind Tools wie ryte.com, searchmetrics, similar web, moz, link research tools, raven tools, seo diver.

Keyword-Tools gibt es von:
    keywordmonitor
    google keyword planner
    google trends
    semager,
    keyword forecast tool

05 Rechtliches zum Impressum

Die folgende Auflistung kann selbstverständlich nicht vollständig sein. Sie stellt lediglich eine grobe Übersicht dar. Den Fokus müssen Sie hierbei auf die rechtliche Gestaltung legen. Das ist ganz wichtig, sonst kann es richtig teuer werden. Insgesamt müssen Sie sich mit bis zu 50 verschiedenen Aspekten beschäftigen.

Aber keine Angst, Handelskammern, Internetportale und einige Rechtsanwaltskanzleien stellen kostenlose Informationen zur Verfügung. Bei einigen Kanzleien können Sie für wenig Geld eine aufgrund Ihrer Angaben individualisierte Version erstellen lassen. Sie erfassen Ihre Daten und erhalten vorgefertigte Textbausteine. Diese sind meist ausreichend.

Das Impressum ist weit mehr als nur die Nennung einer Firmenadresse. Es müssen nach dem Gesetz weitere Informationen gegeben werden. Einige Pflichtangaben:
- Name und Anschrift der Firma, E-Mail-Adresse, Telefonnummer
- Rechtsform, Vertretungsberechtigter / Geschäftsführer oder sogar Angaben zum Stamm- oder Grundkapital Üblicherweise ist der Vertretungsberechtigte immer genannt.
- Handelsregister
- Umsatzsteueridentifikationsnummer, außer bei der "Kleinunternehmerregelung"
- Falls die Leistungen einer behördlichen Erlaubnis bedarf, Angaben zur zuständigen Aufsichtsbehörde
- Das Impressum muss über einen einzigen Klick abrufbar sein und darf nicht auf der Webseite versteckt werden. Das ist ganz wichtig!

Produktbeschreibungen
Erstellen Sie Ihre Produktbeschreibungen und die Fotos selbst. Ich kenne einen Fall, bei dem jemand T-Shirts online verkaufte und von einer renommierten Anwaltskanzlei auf eine halbe Million Euro verklagt wurde. Am Ende wurde die Zahlung deutlich geringer, doch der Unternehmer musste schmerzlich daraus lernen.

Preisangabe
Sie müssen den tatsächlichen Endpreis für den Verbraucher angeben, bevor er die Bestellung auslöst. Also eine Information zur Mehrwertsteuer, inklusive oder zuzüglich der Versandkosten.
Verkauft Ihre Internetseite Produkte nach Gewicht oder Volumen, achten Sie darauf, den sogenannten Grundpreis anzugeben. Also für 100 g oder 1 Liter.

Widerrufsbelehrung
Verbrauchern steht ein gesetzliches Widerrufsrecht zu. Hierfür sieht das Gesetz verschiedene Musterwiderrufsbelehrungen vor, die Sie auf der Webseite verwenden müssen. Der Käufer muss ausdrücklich darauf hingewiesen werden.

Button-Lösungs-Pflicht
Die Beschriftung des Bestell-Buttons muss dem Käufer deutlich klar machen, dass der nächste Klick Geld kostet. Ein Button „weiter" reicht zum Beispiel nicht aus.

Fehlerhafte Produktbeschreibungen
Die Produkte dürfen nicht irreführend beschrieben sein. Bei Textilien wie Alpaka müssen Sie zwingend die enthaltenen Materialien, mit den im Gesetz aufgeführten

Begriffen angeben. Weitere rechtliche Besonderheiten finden auch bei Lebensmitteln wie Superfoods Anwendung.

Verpackungslizenz
Wer Produkte in Verpackungen verkauft, muss auch für die Rücknahme dieser aufkommen. Praktisch erfolgt dies meist über den Erwerb einer Lizenz. Die Kosten für die Lizenz sind bei kleinem Geschäftsumfang niedrig. Die Informationen über die Lizenz sollten ins Impressum.

Allgemeine Geschäftsbedingungen (AGB)
Die Allgemeinen Geschäftsbedingungen sind die Basis einer jeden Geschäftsbeziehung. Sie sind nötig, um Missverständnisse zu vermeiden. Die AGBs können mehrere DIN A4-Seiten umfassen. Es haben sich grundsätzliche Bestandteile bewährt

Art und Weise des Vertragsschlusses im Online-Shop
Lieferfristen und Warenverfügbarkeit
Preise und Versandkosten
Zahlungsmodalitäten
Gewährleistung und Haftung
Eigentumsvorbehalt

06 Bloggen

Jeder Mensch hat eine persönliche Geschichte und etwas Besonderes zu sagen. Verbreiten Sie solche Inhalte über einen Blog, erreichen Sie damit die ganze Welt. Ein eigener Blog eignet sich als ideale Basis für zahlreiche andere Medien.

Vorteile: Freie Entscheidung, was und wann publiziert wird, Sie sind Urheber des Textes, Sie können zu Gastbeiträgen einladen, Sie können sich interviewen lassen, Sie können zu eigenen Internetseiten verlinken, Sie können zu fremden Internetseiten verlinken, Sie können den Blog in sozialen Netzwerken posten, Sie können aus den Texten ein eigenes Buch machen oder ein E-Book erstellen.

Nachteile: Sie brauchen Themen, die Ihre Leser interessieren, Sie brauchen Zeit zum Schreiben oder Geld, um sich unterstützen zu lassen, Sie brauchen eine gewisse Regelmäßigkeit beim Posten.

Die Themen
Sicher haben auch Sie eigene Geschichten und Ideen. Damit könnten Sie sofort beginnen. Sollten Ihnen die Themen ausgehen, dann fragen Sie in Ihrer Community oder in Ihrem Netzwerk, was man gerne von Ihnen lesen würde. Sie können hierzu über die Kommentarfunktion in den sozialen Medien einladen oder mit einem externen Dienstleister wie www.surveymonkey.de kooperieren.

Die Texte
Schreiben Sie die Texte selbst oder lassen Sie sich dabei helfen. Erzählen Sie Ihre Geschichten. Menschen lieben Geschichten und jeder von uns hat viel zu erzählen.

Wenn Sie selbst schreiben möchten, beantworten Sie die folgenden „W"-Fragen und ziehen Sie ein Fazit.
Wer?
Wann?
Wo?
Warum?
Wie?
Was?

Falls Sie nicht selbst schreiben möchten, erhalten Sie Unterstützung durch verschiedene Internetportale wie z. B. www.content.de oder www.machdudas.de. Sie geben dabei das Thema, den Inhalt, Textpassagen und den Umfang vor, und jemand, der gerne schreibt, stellt den gewünschten Text zusammen. Sie prüfen oder ergänzen den Artikel und fertig ist der Blogpost.

Tipp: Schreiben Sie die Texte so, dass sie später in einem E-Book wiederverwendet werden können! Das Prinzip ist: Jeden Content 1 x erstellen und mehrmals nutzen. Das erhöht die Effektivität.

Die Überschriften
Zeitungen haben eigene Spezialisten, die sich nur um die Überschriften kümmern. Denn eine markige Headline erzeugt Neugier und bewegt den Leser dazu, den Text auch zu lesen. Auch um aussagekräftige Übersichtsseiten auf Webseiten erstellen zu können, gibt es ein bewährtes System. Die Dreiteilung in Headline, Subline und Teaser.
Headline (=Neugier erzeugen)
Subline (=Neugier steigern)
Teaser (=Kurzbeschreibung des Inhalts)
Man kann sich auch eine Liste toller Überschriften anle-

gen oder im Internet nach "Swipe Beispiele" suchen. Dort findet man dutzende Überschriftsformulierungen.

07 Soziale Medien organisieren und pflegen

Social Media ist das Tor zur Welt. Hier können Sie auf Augenhöhe „senden" und „empfangen". Rund um die Uhr und grenzenlos. Es ist sinnvoll, hierfür eine Zielsetzung zu definieren.

Warum möchten Sie Social Medien nutzen?
Wollen Sie den Bekanntheitsgrad erhöhen?
Wollen Sie bestehende Kunden binden?
Möchten Sie neue Kunden gewinnen?
Wollen Sie den Absatz Ihres Produktes erhöhen?
Möchten Sie ein neues Produkt testen?
Möchten Sie Feedback zu einem Produkt erhalten, um es weiterzuentwickeln?
Möchten Sie Ihr Image festigen?

Wie kommen Sie zu den Inhalten?
Aus Ihrem Blog
Aus Pressemitteilungen
Aus Ihrer eigenen Webseite
Aus fremden Webseiten
Aus Texten, die für die Posts geschrieben werden

Welche Kanäle sollte man nutzen?
Wählen Sie genau die sozialen Medien aus, die auch Ihre Zielgruppe nutzt. Erstellen Sie eine Umfrage und fragen Sie Ihre Zielgruppe, welche Themen sie besonders interessieren. Darüber hinaus gibt es hilfreiche Online-Tools, wie www.surveymonkey.de

Erstellen Sie auch einen Redaktionsplan. Was erscheint wann auf welchem Kanal? Im Internet finden Sie hierzu Gratisvorlagen.

Veröffentlichen Sie in den Gruppen und auf den Kanälen Texte und verlinken Sie diese auf Ihre Internetseite oder Ihren Blog. Teilen Sie Videos von Ihrem Youtube-Kanal auf Facebook, Xing oder LinkedIn. Ergänzen Sie einen Link zur Anmeldung zu Ihrem Newsletter.

Um in die vielen Netzwerke eine Struktur zu bekommen, helfen Social Media Management Tools. Anfangs geht es wahrscheinlich noch ohne, doch wenn Ihre Community größer wird, sparen Ihnen diese Werkzeuge viel Zeit und erleichtern das Leben. Eine Auswahl an Tools:
Buffer
Hootsuite
Spredfast
Percolate

08 Automatisierung des Verkaufs
Stellen Sie sich vor, Sie sind gerade auf einer Kreuzfahrt durch den Panama-Kanal Richtung Lima. Sie sind mit Ihrer Familie oder Freunden zusammen und genießen die Atmosphäre auf dem Schiff. Gleichzeitig erhalten Sie auf Ihrem Smartphone die Info, dass neue Kunden Ihre Produkte oder Dienstleistungen bestellt haben.
So oder ähnlich können Sie sich die Automatisierung des Verkaufs vorstellen. Ja, Sie können sogar alle Produkte automatisiert ausliefern lassen, seien es materielle Produkte wie Alpakaschals oder Dienstleistungen wie eine Videoserie über Umweltberatung.

223

In Deutschland stehen dafür zahlreiche Online-Verkaufsplattformen zur Verfügung. Hier eine Auswahl:

Amazon

ebay

Rakuten

Allyouneed

Etsy

Hood.de

Yatego

Avocado store

Shopify

Amazon ist mit 25 % Marktanteil die Nr. 1 in Deutschland. Das bedeutet, dass einerseits der Marktplatz bekannt ist und ihm andererseits vertraut wird. Zwei sehr wichtige Kriterien im Online-Business. Jetzt fehlt nur noch, dass Ihre Produkte gefunden werden.

Ein weiterer Vorteil von Amazon ist, dass Sie dort Lagerplatz mieten können. Amazon verschickt die Rechnungen für Sie, bearbeitet Widersprüche und versendet die Produkte. Sie können Ihr Business zu 100 % automatisieren. Amazon ist nur ein Beispiel dafür. Natürlich können Sie auch über andere Plattformen Ihren Verkauf ganz oder teilweise automatisieren lassen.

Worauf kommt es bei Verkaufsplattformen an?
Jede Plattform hat ein eigenes Business-Modell und will irgendwie die Kosten decken und möglichst noch Gewinn machen. Achten Sie darauf, dass Provisionen nur bei einem Verkauf anfallen. Das hat für Sie den Vorzug, dass keine festen Kosten entstehen, falls es eine Periode ohne Verkäufe geben sollte.

Eigener Online Shop

Ein Online-Shop ist eine verlockend einfache Möglichkeit, ein eigenes Geschäft aufzubauen. Im Gegensatz zu voll automatisierten Verkaufsplattformen ist der Aufwand für Aufbau und Pflege deutlich höher. Dafür begibt man sich jedoch nicht in Abhängigkeiten und zahlt auch keine Provisionen. Für Leute, die den Online-Verkauf selbst in die Hand nehmen möchten, hier eine Liste von Anbietern.

Kostenlose Online-Shop-Software
  osCommerce
  Bigware Shop
  VirtueMart
  WP e-Commerce
  Jigoshop
  PrestaShop
  Mondo Shop
  JoomShopping
  Oxid esales
  Magento
  StorEdit

Kostenpflichtige Online-Shops
  XT:Commerce
  Gambio Onlineshop
  Shopware
  Mincil.de
  ShopFactory
  StorEdit
  WebiProgs Script

E-Shops und Shop-Software vom Webhoster
  1&1 E-Shop
  Strato
  Verio eStore
  Alfahosting
  Host Europe EShops
  VersaCommerce
  Lightspeed
  Ipilum Shopsystem

Solche Dienstleister bieten darüber hinaus Vorlagen für Newsletter und für E-Mails an. Sie berücksichtigen bereits gesetzliche Anforderungen wie ein Impressum oder die Möglichkeit zur Abmeldung.

09 Newsletter und E-Mail-Marketing

Sind Sie neugierig darauf, was in einer Mail steht? Öffnen Sie die Nachricht, wenn sie von einer vertrauenswürdigen Person kommt? Wenn Sie mit „ja" geantwortet haben, dann beweisen Sie sich gerade selbst, wie machtvoll E-Mail-Marketing ist. Es ist ein wertvolles Instrument, vielleicht auch für Sie.

Denn Interessenten tragen sich freiwillig in Ihre E-Mail-Liste ein, empfangen die Nachrichten mit Freuden. Auf diese Weise können Sie Ihre Botschaften senden. Das kann man klassisch tun, indem man jede Mail einzeln schreibt oder mithilfe eines Systems, das einem die Möglichkeit gibt, viele Ihrer Interessenten gleichzeitig im Rahmen einer Kampagne anzuschreiben. Dafür braucht es dann eine Liste! Bei bis zu 10 Mails am Tag funktioniert die herkömmliche Methode vielleicht noch ganz gut, wenn Sie aber 50 oder mehr Leser erreichen wollen, dann ist der Aufbau einer E-Mail-Liste ein Werkzeug, das Ihnen viel Arbeit abnimmt und Zeit spart. Diese Zeit können Sie dann anderswo einsetzen. Achten Sie beim Versand darauf, wann die Interessenten Ihre Nachricht wohl am wahrscheinlichsten lesen. Zu beobachten ist, dass bei mir viele Newsletter am ‚Wochenende ankommen. Ich Persönlich verschicke unsere Newsletter immer an den Freitagnachmittagen. Meine Erfahrung als Empfänger von Newslettern ist sehr positiv. Ich erhalte wöchentliche Newsletter mit den neuesten Buchtipps, Infos zu Produkten und Veranstaltungshinweisen. All das habe ich selbst bestellt und werde automatisch informiert.

Newsletter oder E-Mail?
Ein Newsletter ist etwas aufwendiger in der redaktionellen Erstellung. Eine E-Mail entspricht einer individuellen Nachricht an eine Person. Probieren Sie aus, was bei Ihren Kontakten besser ankommt.

Hinweis: Dabei die Datenschutzgrundverordnung beachten! Das sogenannte Double-opt-in Verfahren ist der sicherste und eleganteste Weg. Der Interessent meldet sich mit seiner Mailadresse an, bekommt dann eine Mail zugeschickt und bestätigt in dieser die Anmeldung. Es sind noch weitere Details zu beachten. Machen Sie sich im Internet schlau, bei den Handwerks- und Handelskammern und am besten auch bei einem Rechtsanwalt.

Newsletter-Tools sind zum Beispiel:
    ActiveChampaing
    Get Response
    Sendinblue

Newsletter2Go
CleverReach
Klick-Tipp
Rapidmail
CleverElements
HubSpot
Mailchimp
Quentn
Moosend

10 Erstellung eines Podcast und Video Kanals

Kennen Sie Influencer, also Meinungsmacher, die 22 Jahre alt sind und in nur 12 Monaten über 2 Millionen Kanalabonnenten gewonnen haben? Ja, die gibt es, und sie alle haben bei Null angefangen. Auch wenn es bei Ihnen nicht so schnell gehen sollte, ist ein Youtube Kanal eine hervorragende Möglichkeit, Ihr Geschäftsmodell 24 Stunden, 7 Tage die Woche, 365 Tage im Jahr und in der ganzen Welt zu präsentieren. Das alles ist kostenlos! Daher ist ein eigener Youtube-Kanal für mich ein Mindeststandard, über den jeder verfügen sollte.

Das Anlegen des Kanals geht ganz einfach. Sie melden sich an. Achten Sie schon bei der Kanalbezeichnung auf einen aussagekräftigen Namen. Sie könnten beispielsweise persönlich als Marke auftreten, ein Motto wählen oder noch etwas ganz anderes. Sie brauchen auch ein Impressum und eine Datenschutzerklärung. Dazu kann man auf seine Internetseite verlinken. Unter „Kanalinfo" beschreiben Sie dem Zuschauer, welches Themengebiet Ihr Kanal behandeln wird.

Youtube bietet die Möglichkeit, Videos als „öffentlich"
und als „nicht gelistet" zu kennzeichnen. „Nicht gelistet"
bedeutet, dass Sie nur den Zuschauern Zugriff geben,
die zuvor einen Link zu Ihrem Video erhalten haben. Das
hat den Vorteil, dass Sie Videos, die Sie verkaufen wollen, auch auf Youtube speichern können und dem Käufer
einfach einen Link zusenden. Natürlich kann man Videos
auch kostenlos anbieten und verlinken. Zum Beispiel in
einem exklusiven Newsletter oder einer E-Mail.

Als „öffentlich" gekennzeichnete Videos sind auf Ihrem
Kanal frei zugänglich. Möchten Sie keine Kommentare
zulassen oder die Anzahl der Aufrufe nicht preisgeben,
ist das einfach einstellbar. Ich empfehle, Kommentare
zuzulassen, weil es den Kanal belebt. Sie werden nie alle
Zuschauer glücklich machen, kritische Stimmen gehören
dazu. Rechnen Sie von vornherein mit ungefähr 10 %
negativen Kommentaren. Im Umkehrschluss bedeutet
das jedoch 90 % zufriedene Zuschauer.

Wenn Sie ein Video hochladen, bietet Ihnen Youtube drei
Startbilder an. Sollte Ihnen keines davon gefallen oder
Sie möchten eine eigene Kreation nutzen (Thumbnail),
ist das ganz einfach möglich. Laden Sie das Thumbnail
hoch und markieren Sie es als Startbild.

Beim Hochladen des Videos vergeben Sie in der Rubrik
„Standard" den Videotitel, ergänzen eine Beschreibung
und legen „Tags" fest. Unter „Erweitert" setzen Sie Haken
bei: „Alle Kommentare zulassen", „Nutzer können Be-
wertungen für dieses Video sehen", „Videostatistik auf
der Wiedergabeseite öffentlich sichtbar machen" und
„Einbetten zulassen". Es ist ganz normal, wenn manche

Menschen Ihr Video nicht mögen. Es gibt immer die besagten 10 %, denen etwas nicht gefällt. Auch Biene Maja hat schlechte Kommentare, also nicht davon irritieren lassen!

Youtube bietet auch eine Vielzahl an Statistiken an. Woher kommen die Zuschauer, welche Videos werden am häufigsten gesehen oder wann bricht der Zuschauer ein Video ab. Damit können Sie ganz gezielt Ihre Videos verbessern. In der Beschreibung des Videos können Sie einen Link zum Abonnement hinterlegen, Texte einfügen oder auf andere Seiten verlinken.

Wie lange sollte ein Video dauern?
Es gibt Erfahrungswerte zur Dauer von Videos. Kurze Videos von bis zu zwei Minuten sind sehr beliebt. Das ist aber nur ein Hinweis, denn es gibt auf Youtube Videos in jeder erdenklichen Länge. Sie können dort auch Live-Auftritte veröffentlichen, ein Buch vorlesen oder eine Präsentation zeigen. Als technische Ausstattung für die Aufnahmen wären Scheinwerfer, ein Mikrofon, eine gute Kamera und Schnittsoftware zu empfehlen. Es geht aber auch mit einer Tischlampe, dem Smartphone und seiner integrierten Bearbeitungssoftware.

Welchen Vorteil hat ein Podcast?
Audio ist einfacher zu verarbeiten und kann nebenbei gehört werden. Zum Beispiel wenn man im Auto fährt, Sport treibt oder, so wie ich, oft im Flieger sitzt. Glauben Sie mir, 16 Stunden Flug zwischen Peru und Deutschland sind eine willkommene Gelegenheit, um mit Podcasts seinen Horizont zu erweitern. Nutzen und Bedarf zeigen sich aber nicht nur bei Fernreisen, sondern bei jeder

Fahrt zur Arbeit oder Ausbildungsstelle. Diese verlorene Zeit kann man mit Wissen füllen. Oder eben mit Unterhaltung. Podcasts sind auch mit Mobilgeräten abrufbar. Damit ist technisch fast jeder über einen Podcast erreichbar.

11 Webinare. Weltweit persönlich erlebbar

Was ist überhaupt ein Webinar?
Was ist überhaupt ein Webinar? Das ist eigentlich nur die Abkürzung für Web-Seminar, also sozusagen ein Vortrag im Internet. Und wenn Sie so eine Veranstaltung aufnehmen, bleibt sie für Sie und Ihre Kunden immer nutzbar. Man wird damit weltweit sichtbar, hörbar und erlebbar. Außerdem können Webinare von überall auf dem Globus gesendet werden, vorausgesetzt es existiert eine zuverlässige Internetverbindung.

Dabei finde ich auch wichtig, dass Menschen nur sehr ungern etwas von gesichtslosen Anbietern kaufen oder annehmen. Ich persönlich 'webinare' teilweise aus Lima heraus oder aus Deutschland. Ich stand auch schon am Frankfurter Flughafen am Gate und war online.

Damit aber zu Ihrer eigenen Webinarkarriere, unter Nennung einiger Anbieter. Zuverlässige Plattformen sind:
Edudip
Webinaris
GoToWebinar
Zoom
Webinar Jam
Click Meeting

12 Erstellen Sie Ihr eigenes E-book

Das eigene Wissen mithilfe eines eigenen E-Books zu teilen ist eine tolle Möglichkeit, schnell und direkt viele Menschen zu erreichen. Schreiben Sie einfach auf, was Sie sehen, denken und fühlen. Wenn Sie jeden Tag nur eine Seite schreiben, haben Sie nach einem Jahr ein Buch mit 365 Seiten. Ein E-Book kann man bei Amazon verkaufen, bei Hugendubel und auf anderen Plattformen. Es ist immer und überall lieferbar und damit öffnen Sie sich viele Türen.

Die Vorteile auf einen Blick:
Neue Kontakte gewinnen durch das Verschenken eines E-books.
Bestehende Kontakte weiter an sich binden.
Erhöhung der Wahrnehmung durch Dritte, da das eigene Wissen so umfangreich ist ein Buch zu füllen.
Erhöhung des Bekanntheitsgrades durch einfaches Teilen des E-books.
Affiliates gewinnen und so Kooperationen beginnen.
Ein Nachschlagewerk schaffen, durch einfache Aktualisierung der Inhalte.

Die Vorarbeiten:
Das "Warum" bestimmen.
Für "Wen" schreiben Sie dieses E-book?
Welches Ziel verfolgen Sie mit dem E-Book?
Zu welchem Thema schreiben Sie dieses E-book?
Wie ist das E-book aufgebaut?

Die Struktur des Buches:
Inhaltsverzeichnis: Die Kapitel mit Unterkapiteln
Vorwort: Warum dieses E-book und wie soll es

eingesetzt werden?
Kapitel: die Inhalte
Tipps: Ihre Erfahrung ist gefragt
Nachwort: Zusammenfassung und Ausblick
Anhang: Quellen, Hinweise auf eigene Produkte

Korrektorat und Lektorat
Die erste Voraussetzung ist, dass ein Muttersprachler das E-Book geschrieben oder übersetzt hat. Die nächste Stufe für die Qualität ist das Korrektorat. Die meisten Muttersprachler sind grammatikalisch nicht hundertprozentig fit, weil sie sich nie intensiver mit ihrer Sprache beschäftigen mussten. Gönnen Sie sich dafür einen professionellen Korrektor. Ein geschriebenes Buch hat theoretisch eine unendliche Lebensdauer. Das Korrektorat ist deswegen eine lohnende Investition. Noch besser ist das Lektorat. Hier erhält Ihr Buch den sprachlichen Feinschliff. Ihre Leser werden es Ihnen danken und die Zeilen mit Freude verschlingen.

Das Cover
Ein Bucheinband vermittelt auf den ersten Blick, worum es im Buch geht. Deshalb sollte man sich damit besonders viel Mühe geben. Ein Cover umfasst normalerweise ein Bild, den Buchtitel, den Namen des Autors, Klappentext, ggf. einen Barcode und vielleicht noch andere Elemente. Es ist also eine gestalterische Arbeit, wofür auf jeden Fall ein Bildbearbeitungsprogramm nötig ist.
Neben dem bekannten, aber ziemlich teuren Programm Photoshop gibt es jedoch noch eine kostenlose Variante. Das Freeware Bildbearbeitungsprogramm GIMP besitzt nahezu alle Funktionen von Photoshop. Es besticht zwar nicht durch Benutzerfreundlichkeit, aber es ist gratis.

Die Formate
Apple, Amazon und andere Plattformen bieten spezielle Formate für E-Books an. Mit dem Datenformat PDF geht die Erstellung aber auch einfacher. Es wird immer akzeptiert und funktioniert auf jedem Gerät. Für den Anfang schreiben Sie Ihr Buch in einem Word-Dokument und exportieren es als PDF. Ich kenne E-Books auch als zum PDF umgewandelte PowerPoint-Präsentationen. Auch das geht. Komfortabler als ein normales Office-Programm ist eine professionelle Seitenlayout-Software wie etwa QuarkXpress.

Hier haben Sie viel mehr Möglichkeiten, auch was Gestaltung und Mengensatz anbetrifft. Auch dieses Profi-Programm ist nicht billig, bietet sich aber an, falls Sie weitere Buchprojekte umsetzen wollen.

13 Das Präsenzseminar oder Event oder Workshop

Eigene Seminare oder Workshops sind eine wunderbare Möglichkeit in direkte Interaktion mit Kunden und Interessenten zu treten. Sie merken dadurch sehr schnell, ob Ihre Inhalte einen Mehrwert bieten. Weniger vorteilhaft ist dabei der persönliche Zeiteinsatz und der gesamte organisatorische Aufwand.

Wozu ein Seminar oder Workshop durchführen?
Es gibt gute Gründe für ein Seminar oder einen Workshop. Drei davon gebe ich Ihnen hier mit. Den Experten persönlich treffen: Ich erlebe ständig, dass mir Menschen schreiben, um mich persönlich kennenzulernen. Es gefällt Ihnen einfach, was und wie ich etwas tue. Auch gab es schon immer Konzerte, Festivals, Events und

sonstige Gelegenheiten, bei denen sich Menschen trafen. Die Energie im Raum ist eine andere als bei 100 % Online-Präsenz. Die Wirkung ist intensiver.

Aufmerksamkeit erhöhen: Jeder kann ein Seminar durchführen und dennoch tun es nur wenige. Im Umkehrschluss bestätigen Sie Ihren Expertenstatus, da Sie nun zu einer exklusiven Gruppe gehören. Es unterstützt die Positionierung als Experte.

Wiederverwendbarkeit: Das Seminar ist vorbei, die Teilnehmer sind glücklich, aber die Worte verhallt. Viel zu schade, denn heute gibt es viele Möglichkeiten alles aufzuzeichnen und wiederzuverwerten. Machen Sie daraus eine Videoserie und verkaufen oder verschenken Sie diese an Teilnehmer oder Dritte. Im Endeffekt kreieren Sie einmalig einen Inhalt und nutzen diesen dauerhaft.

Gestaltung des Seminars oder Workshops
Das Publikum: Sie halten die Veranstaltung für Menschen, die zu Ihnen kommen und etwas mitnehmen möchten. Damit diese nicht verloren gehen, betrachten Sie die Teilnehmer bezüglich der Vorkenntnisse, des persönlichen Hintergrunds oder des Alters.

Die Struktur: Beginnen Sie mit einer pfiffigen Einleitung. Das kann eine Frage sein genauso wie eine provokative Aussage oder eine persönliche Geschichte. Stellen Sie heraus, warum es gut ist, dass die Teilnehmer heute hier sind. Erklären Sie, wie Sie heute vorgehen werden, um was es geht und wo die Teilnehmer die vermittelten Inhalte selbst anwenden können. Im Hauptteil geht es um die Sachinformationen. Am Ende fassen Sie die wesentlichen 3 oder 5 Erkenntnisse zusammen und geben eine Handlungsaufforderung. Diese kann als Aufgabe formuliert sein, als Frage, als Buchtipp oder in einer anderen Form.

Die Medien: Überlegen Sie sich, welche Medien Sie einsetzen wollen. Flipchart, Post-its, ein kurzes Video, einige gedruckte Seiten. Menschen sind unterschiedlich in Ihren Vorlieben.

Der Ablauf: Sorgen Sie für Getränke und Kleinigkeiten zum Essen wie Nüsse oder Kakao Nibs. Ein Seminar ist für das Hirn anstrengend und man braucht genügend Flüssigkeit.

Planen Sie regelmäßige Pausen ein, dadurch geben Sie Raum für den Austausch. Die Teilnehmer kommen auch, um sich mit Gleichgesinnten zu vernetzen. Gern gesehen sind auch Auflockerungsübungen und Gruppenarbeiten. Je aktiver die Teilnehmer sind, umso eher nehmen sie etwas mit und haben Spaß daran.

Die Inhalte. Schreiben Sie ein Drehbuch
Erstellen Sie das Drehbuch z. B. nach der Struktur von 4mat von Bernice McCarthy. Er berücksichtigt in seinem Modell die verschiedenen Lerntypen der Menschen. Beginnen Sie mit dem „Warum dieses Event?", es folgt „Was erwartet den Teilnehmer?", danach „Wie läuft es ab?" und schließlich „Wo kann es vom Teilnehmer eingesetzt werden?". Alternativ können Sie nach dem Golden Circle von Simon Sinek in der Reihenfolge „Warum, wie und was?" das Drehbuch aufbauen. Oder Sie nutzen eine der zahlreichen anderen Methoden.

So ein Drehbuch können Sie übrigens auch ganz hervorragend für Ihren Podcast nutzen. Sei es als Vorbereitung oder wenn das Event vorbei ist, um Praxiserlebnisse einfließen zu lassen. Eine schöne Möglichkeit, eine Arbeit mehrmals zu nutzen.

Nach dem Seminar: Das mitgeschnittene Video oder den Podcast können Sie den Teilnehmern schenken oder zum Kauf anbieten. Verteilen Sie gerne auch Ihre Folien als Handout. Menschen wollen etwas in der Hand halten oder nochmals nachblättern. Bieten Sie die Beantwortung von individuellen Rückfragen an oder den Zugang zu einer geschlossenen Facebook-Gruppe, falls vorhanden.

14 Der Videokurs

Der Wunsch, sich Wissen bequem per Bild und Ton anzueignen, trägt dazu bei, dass Videos heute beliebter denn je sind. Mit den heutigen technischen Möglichkeiten ist das eine tolle Möglichkeit, Ihre Botschaft zu den Kunden zu bringen.

Warum ein Videokurs?

Sie selbst kommen im Video viel stärker an und Ihre Inhalte sind viel präsenter. Der von den Konsumenten empfundene Wert liegt zwischen einem gebundenen Buch (hoher Wert) und einem E-Book (niedriger Wert). Ein Video wirkt zwar weniger stark als der persönliche Kontakt, dafür deutlich stärker als das ausschließlich gesprochene Wort. Vergleichen Sie es mit TV und Radio, die Inhalte sind durchaus gleich. Es ist nicht zwingend erforderlich, dass Sie die ganze Zeit auf dem Bildschirm zu sehen sind. Eine Einleitung und ein Abschluss von jeweils ein paar Minuten sind ausreichend. Der Hauptteil kann durchaus eine Stunde dauern. Dass man mit einem Video auch sehr komplexe Themen einfach transportieren kann, ist leicht nachvollziehbar.

Wie erstellen Sie einen Videokurs?

Sie können de facto einen konzipierten Workshop oder ein Seminar 1:1 übertragen. Anstatt einzelne Vorträge für eine begrenzte Anzahl von Teilnehmern abzuhalten, sprechen Sie in die Kamera und stellen sich vor, dass Ihr Publikum dahinter sitzt. Ein Drehbuch ist also auch für einen Videokurs sinnvoll und gut. Alternativ können Sie auch Ihr E-Book, angereichert mit Schaubildern, vorlesen.

Welche Technik braucht es?

Es steht eine ganze Bandbreite zur Verfügung. Von der Einmietung in ein Studio bis zur Heimproduktion mit Smartphone. Es braucht auf jeden Fall eine geräuscharme Umgebung, eine gute Beleuchtung, ein Stativ und ein Schnittprogramm. Derartige Software ermöglicht es, Versprecher herauszuschneiden, ganze Passagen umzusortieren, Texte einzublenden und noch vieles mehr. Unterstützung liefert dabei:

www.allmostudio.com
www.dein-mietstudio.de
www.dasauge.de

Der Erfolg eines Videokanals ist nicht von der Technik abhängig, sondern von den Inhalten und der Energie die Sie ausstrahlen. Die Praxis zeigt das immer wieder! Kostenlose Online Videoplattformdienste:

Youtube
Vimeo
MyVideo
Dailymotion

15 Das eigene gedruckte Buch

Ein Buch in den Händen zu halten bleibt auch im Zeitalter der Digitalisierung etwas Erhabenes und Besonderes. Womit diese positive Wirkung zusammenhängt, darüber ließe sich lange diskutieren. Wichtig ist zu wissen, dass Sie mit einem eigenen Buch zum Autor werden. Autoren haben in unserer Gesellschaft einen besonderen Status und erhalten deshalb mehr Aufmerksamkeit.

Vielleicht sagen Sie jetzt: „Ich kann doch gar nicht wie ein Autor schreiben" oder „Ich habe doch keine Zeit, ein Buch zu schreiben" oder „Ich finde sicher keinen Verlag". Da kann ich Sie beruhigen.

„Ich kann doch gar nicht wie ein Autor schreiben" Viele Autoren holen sich durch Schreibcoaches professionelle Hilfe. Auch ich habe das getan und wenn Sie bis hierher gelesen haben, hat es sich offensichtlich gelohnt. Ein Schreibcoach hilft dabei, ein Buch zu strukturieren, die richtigen Formulierungen zu finden und Inhalte für den Leser optimal aufzubereiten. Er konzentriert damit das auf eine einzige Person, was der persönliche Bekanntenkreis wahrscheinlich auch leisten könnte. Denn lässt man seine Freunde oft genug gegenlesen und akzeptiert ihre Kritik, kommt sicher auch ein ansehnliches Werk dabei heraus. Mit ein paar Abzügen an Spezialwissen über Strategie, Rhetorik und Produktion kann man ein eigenes Buch also auch ohne Experten beginnen.

„Ich habe doch keine Zeit, ein Buch zu schreiben". Ein Buch kann man natürlich nicht über Nacht schreiben. Als selbstverantwortlicher Autor haben Sie aber keinen Abgabetermin und können sich alle Zeit der Welt lassen.

Achten Sie bei Ihrer nächsten Lektüre mal darauf, ob die Autoren im Vorwort darauf eingehen. Oft sind es 1 bis 2 Jahre, die bis zur Fertigstellung ins Land gehen. In einem Ratgeber für Autoren las ich folgenden Spruch, der mir außerordentlich gut gefällt: „Wenn Sie eine Seite am Tag schreiben, dann hat Ihr Buch nach einem Jahr 365 Seiten". Das Entscheidende ist, einfach auch mal anzufangen! Ich für meinen Teil begann meine Autorenkarriere mit einer kleinen Ausgabe von 100 Seiten: „33 Geschäftsideen für Peru – eine Reise durch die wirtschaftlichen Möglichkeiten". Daran schrieb ich etwa 70 Stunden.

Im September begann ich meine Gedanken per Spracherkennung zu diktieren. Das Ergebnis war zu 50 % in Ordnung. Ich überarbeitete den kompletten Text, Formulierungen, Buchstabendreher oder nicht erkannte Wörter. Die Ergebnisqualität lag nun bei 80 %. Nachdem mein Schreibcoach den Text geprüft hatte, überarbeitete ich diesen nochmals. Das Ergebnis lag daraufhin bei 95 %. Die letzten 5 % bearbeiteten wir gemeinsam. Etwas mehr als vier Monate später, im Januar, war das Buch fertig. Die erste Druckversion des veröffentlichten Buches hielt ich im Februar in Händen.

„Ich finde sicher keinen Verlag" Den brauchen Sie auch nicht unbedingt, wie sich gleich zeigen wird. Dennoch gibt es in Deutschland ungefähr 2.000 Buchverlage (lt. Statistischem Bundesamt 2014). Einer davon wird auch Ihr Buch verlegen. Nicht wenige große Erfolge wurden mehrfach von großen Verlagen abgelehnt. Einige mit bis zu 100 vergeblichen Versuchen entwickelten sich zu Beststellern.

Ein weiterer Weg ist das 'Selbstpublishing', in Verbindung mit einem 'Print-On-Demand'-Anbieter. Hierbei wird ein Buch erst produziert, wenn es im Handel bestellt wird. Das bedeutet, dass kein finanzielles Risiko besteht, auf einer gedruckten Auflage sitzenzubleiben. Jedes Buch, unabhängig von der Qualität, wird angenommen, da der Print-on-Demand-Anbieter lediglich als Verwalter Ihres Buches auftritt. Er bringt es in Hunderte Online-Shops, listet es in Büchereien und übernimmt die komplette Abwicklung der Produktion und des Verkaufes. Sie müssen vorher nur druckfähige Dateien liefern, inklusive Buchblock und Titeleinband. Falls gewünscht, mit ISBN, auch diese wird vom Verlag vergeben und sogar ein Musterexemplar an die deutsche Nationalbibliothek gesendet. Die Höhe des Ladenpreises bestimmen Sie selbst, Sie erhalten einen Vorzugspreis, wenn Sie eigene Bücher bestellen. So können Sie sie auch selbst verkaufen. Ein Print-on-Demand-Verlag nimmt Ihnen eine Menge Arbeit ab und fungiert wie ein Dienstleister.

Nützliche Adressen dafür:

Book-on-Demand: www.bod.de
Epbuli: https://www.epubli.de/buch/book-on-demand
Herbert Utz Verlag: www.literareon.de
Haufe-Verlag: https://www.businessinsights.de/

Liste deutschsprachiger Verlage:
https://de.wikipedia.org/wiki/Liste_deutschsprachiger
_Verlage

06 Danksagung

Glückwunsch! Wir sind am Ende unserer Reise über das Meer der Möglichkeiten. Sicher waren einige verblüffende Tipps dabei, unerwartete Informationen oder erstaunliche Einblicke in das reale Geschäftsleben. Doch bei unserem Aufbruch zu neuen Ufern waren wir nicht allein. Denn nur durch das Wissen erfahrener Interviewpartner konnte dieses Buch entstehen. Ihnen gilt deshalb mein besonderer Dank!

Einige von ihnen wollten nicht genannt werden, stellvertretend erlaube ich mir nun, auch sie gebührend zu ehren.

Eliana Strohbach, Alpaka-Mode
www.alpaka-mode.com

Nilsa Jung, Alpaka für Hund und Mensch
www.Alpaca-Mode.com

Matthias Wilde, Experte für Medizingeräte
www.linkedin.com/in/mattwilde

Imke Barthel, Bäckerei
www.barthel.pe

Antonia Schwoche, Kaffeehaus Arequipa
www.kaffeehaus.org

Miguel Sifuentes, Malco Lara del Pozo, Handel mit Pisco
www.el-sabor.com

Erasmo Cachay Mateos, Autor
www.erasmocachaymateos.de

Jan-Cedric Sawatzky, Filmproduktionen
www.goetterspeisefilm.com

Edeltraud Achten, Huánuco, Sprachschule
Facebook: Centro Cultural Anglo Alemán

Chiara Baron, Mannheim, Übersetzerin
https://www.chiarabaron.de

Wolfgang Fach, Unternehmensberater,
wolfgang.fach@fach-consulting.de

Karl-Heinz Dibke, Webdesign und Reiseagentur
www.alemape.com

Martina Capel, Reiseagentur
www.phimavoyages.com

Joachim Böhnert, Umweltspezialist
www.greentechperu.org

Alle diese genannten und auch ungenannten Menschen haben ihr Wissen mit Ihnen geteilt, obwohl sie sich damit vielleicht selbst Konkurrenz machen. Möglicherweise sind auch diese Menschen der Meinung, dass noch viel Raum bleibt, um in Verbindung mit Peru weitere Geschäfts- ideen umzusetzen. Wenn auch Sie den Schritt zum Erfolg wagen möchten, dann scheuen Sie sich nicht, mich an- zuschreiben. Ich freue mich über Ihre Nachricht, egal ob Sie mit Ihrem Projekt schon begonnen haben oder noch ganz am Anfang stehen.

Es war mir übrigens ein großes Vergnügen, sowohl mein eigenes Wissen als auch das vieler anderer zusammen- zutragen. Was davon noch nicht genannt wurde, könnte weitere Bücher füllen. Das wirtschaftliche Vermächtnis der Inkas bleibt also auf jeder Ebene spannend.

Ihr
Holger Ehrsam

www.peruconsult.de
info@peruconsult.de

07 Inka Connections
Links und Ansprechpartner

Zoll
www.zoll.de

Zollinformationen Deutschland
https://www.iloxx.de/net/iloxx/hilfe/exporttipps/
laenderinfo.aspx?land=per

Konsulate
https://lima.diplo.de/pe-de/botschaft/honorarkonsuln

Überregionale Kammern Export Außenwirtschaft
Außenwirtschaftskammer Bayern
https://www.auwi-bayern.de/Suedamerika/
Peru/index.html
Wirtschaftskammer Österreich
https://www.wko.at/service/aussenwirtschaft/
peru-export-import.html
Swiss Import Promotion Programme
http://www.sippo.ch/
German Trade and Invest
http://www.gtai.de/GTAI/Navigation/DE/Trade/
Weltkarte/Amerika/peru.html
Peru-Foren
Allgemeine Infos zu Peru
https://peru.info/en-us/
Proinversion Private Investment Promotion Agency
www.investinperu.pe/

Transportunternehmen, Luftfracht, Schiffs-Container, Speditionen
DHL

> https://www.dhl.de/de/geschaeftskunden/paket/ab-200-pakete/internationaler-versand/laenderseiten/peru.html

Schryver

> https://www.schryver.com/

Hapag-Lloyd

> https://www.hapag-lloyd.com/de/online-business/tariffs/ocean-tariff.html

Deugro

> https://www.deugro.com/

DSV Global Transport and Logistics

> http://www.de.dsv.com/Spedition-Internationale-Transporte/Peru

iloxx GmbH. Der Versand-Vermittler.

> https://www.iloxx.de/net/home.aspx

Wirtschaftliche Linksammlung

> www.swisschamperu.org/enlaces-de-interes

Deutsche Anlaufstellen
Deutsch-Peruanische Industrie- und Handelskammer

> http://peru.ahk.de/

Deutsche Botschaft

> http://www.lima.diplo.de/

Deutsche Gesellschaft für Technische Zusammenarbeit (GIZ)

> http://www.giz.de/peru-pe

OCEX Wirtschafts- und Handelsbüro Peru

> http://www.perutradeoffice.de

Behörden in Peru

Banco Central de Reserve del Perú (Zentralbank)
http://www.bcrp.gob.pe/
INDECOPI Instituto Nacional de Defensa de la Competencia y de la Protección de la Propiedad Intelectual (Behörde für Standardisierung und Zulassung von Produkten, für die Eintragung von Marken)
http://www.indecopi.gob.pe
SENASA Servicio Nacional de Sanidad Agraria (Phytosanitäre Einfuhrgenehmigung)
http://www.senasa.gob.pe
SUNAT Superintendencia Nacional de Administración Tributaria (Steuerbehörde)
http://www.sunat.gob.pe/aduanas/
version_ingles/index.html

Zolltarife Peru
http://www.aduanet.gob.pe/aduanas/informai/
aicons.htm
Vordrucke der Zollanmeldung
http://www.aduanet.gob.pe/aduanas/formatos/
NuevosFormatos.htm

Ministerien
Ministerio de Economía y Finanzas
(Ministerium für Wirtschaft und Finanzen)
http://www.mef.gob.pe/
Ministerio de Vivienda, Construcción y Saneamiento (Ministerium für Wohnungswirtschaft / Vorschriften und technischen Normen)
http://www.vivienda.gob.pe/dnc/normas.aspx
MINSA Ministerio de Salud (Gesundheitsministerium)
http://www.minsa.gob.pe/?op=231

Landesweite Buslinien
Cruz del Sur
    http://www.cruzdelsur.com.pe/
Oltursa
    http://www.oltursa.pe/
Ormeño
    http://www.grupo-ormeno.com.pe/destinos.html

Landesweite Fluglinien
Avianca
    http://www.avianca.com/en-eu/
LAN Peru
    http://www.lan.com/es_pe/sitio_personas/index.html
LC Peru
    http://www.lcperu.pe/
Peruvian Airlines
    http://www.peruvian.pe/es/
Star Peru
    http://www.starperu.com/es/

Reisesicherheit
Auswärtiges Amt, Länderinformationen
    http://www.auswaertiges-amt.de/DE/
    Laenderinformationen/00-SiHi/PeruSicherheit.html

Tourismus
Staatliche Tourismusgesellschaft
    http://www.peru.travel/de/uber-peru.aspx

Bericht Freihandelsabkommen EU und Peru: Chancen für den deutschen und peruanischen Mittelstand
    https://www.amazon.de/Freihandelsabkommen-Peru-deutschen-peruanischen-Mittelstand/dp/3656762724

08 Nachwort
Von Antje Wandelt

Geschäftsideen und -Wünsche sind oft Ergebnis persönlicher Erfahrungen und Begegnungen, der Wunsch eine Existenz in einem anderen Land aufzubauen oder die Beziehung zu ihm nicht abreißen zu lassen.

Wer eine praktische Anleitung sucht, um seine oft langgehegte Geschäftsidee im deutsch-peruanischen Umfeld umzusetzen, der findet in diesen neuen Buch von unserem Kammermitglied Holger Ehrsam nicht nur wertvolle Informationen zum Markt und den institutionellen Rahmenbedingungen sondern auch wichtige und praktische Tipps und Tricks gewürzt mit Erfahrungsberichten von Peruanern und Deutschen, die dies bereits gewagt und durchlebt haben.

Geschäfte in einem interkulturellen Umfeld verlangen besondere Sorgfalt und die Berücksichtigung vieler Faktoren, die von Holger Ehrsam strukturiert dargestellt werden.

Der direkte und persönliche Stil des Buches und die eingebauten Interviews machen diesen Leitfaden zu einer unterhaltsamen Lektüre.

Es wird auch auf Chancen und Vorteile aber auch auf Gefahren und Hindernisse verwiesen, die eine nachhaltige Evaluierung und Planung eines Geschäftsprojektes ermöglichen und damit hilft Fehler und Fehltritten vorzubeugen.

Ganz wichtig dabei sind gute und zuverlässige Partner, zu denen ich auch unsere Deutsch-Peruanische Handelskammer zählen möchte.

Ich wünsche allen Interessenten kreative Ideen, Mut und Ausdauer und vor allem Erfolg!

Antje Wandelt

Geschäftsführerin der
Deutsch-Peruanischen Industrie- und Handelskammer
(Cámara de Comercio e Industria Peruano-Alemana)